Les Titres par Janvier Chouteu-Chando

The Usurper: et autres histoires
Agent Triple, Double Croix
Les Disciples de Fortune
L'Union Moujik
Le Flash du Soleil
L'Appel de Fortune
Le Maître de Fortune
Les enfants de Fortune
Les Ours de Norilsk
La Fille sur le Sentier
La Légende du Feu et de la Glace
La plus douce folie
Les Grand-mères
L'Incendie de la Faim
Moi avant Eux
Le Père et les Fils
Les Médecins
Les Teintes Sombres
Liens Fatidique
Le Verdict de l'Hadès
Le Procès de Sa Majesté
La Folie de Ngoko
L'Usurpateur
Le Dot
Je suis Détesté
Le Lourdaud

Titres Non-Fiction par Janvier Chouteu-Chando

LEUR DERNIÈRE POSITION: Pourquoi la Victoire…de Donald Trump..
UN ENGAGEMENT CASSÉ:Pourquoi.. une Victoire pour Donald Trump
LE EFFET DU CANARIE DANS UN MINE DE CHARBON:...Assassinats…
Cameroun: Le Système de Marionnettes Dysfonctionnel de la France…
Le Cameroun: Le Cœur Hanté de l'Afrique

Les Nouveaux Titres de Janvier Chouteu-Chando

Le Faucon Blanc
La Dérive à la Maison
Les Amis Mortels

L'Unité du Cameroun: et Le «Cameroun Nouveau»

TISI BOOKS

NEW YORK, RALEIGH, LONDON, AMSTERDAM

ISBN-13: 978-1-9833-5817-3
ISBN-10 : 1-9833-5817-7

PUBLIÉ PAR TISI BOOKS
www.tisibooks.com

NEW YORK, RALEIGH, LONDRES, AMSTERDAM

Imprimé aux États-Unis d'Amérique

ÉPIGRAPHE

"Le temps pour les révolutionnaires avec la liberté totale de manœuvre est terminé."
—*CHRISTOPHER NKWAYEP-CHANDO*

REMERCIEMENTS

Les mots spéciaux d'appréciation à Christopher Nkwayep-Chando et Dr. Samuel F. Tchwenko.

DÉVOUEMENT

Dédié à la mémoire aimante de Salomon Tandeng Muna Yakana.

Les Citations

«Nous trouvons qu'à présent la race humaine est divisée en un homme sage, neuf fripons, et quatre-vingt-dix imbéciles sur cent. C'est, par un observateur optimiste. Les neuf coquins se rassemblent sous la bannière des plus vulgaires d'entre eux et deviennent des «politiciens»; le sage se démarque, parce qu'il sait qu'il est désespérément en infériorité numérique, et se consacre ainsi à la poésie, aux mathématiques ou à la philosophie; tandis que les quatre-vingt-dix imbéciles se marchent sous les bannières des neuf méchants, selon l'imagination, dans les labyrinthes de la chicane, de la méchanceté et de la guerre. C'est bon d'avoir la commande, Sancho Panza a observe, même sur un troupeau de moutons, et c'est pourquoi les politiciens élèvent leurs bannières. C'est d'ailleurs la même chose pour le mouton quelle que soit la bannière. Si c'est la démocratie, alors les neuf fripons deviendront membres du parlement; si le fascisme, ils deviendront des chefs de parti; si le communisme, les commissaires. Rien ne sera différent, sauf le nom. Les fous seront toujours des imbéciles, les fripons encore des chefs, les résultats encore exploités. Quant au sage, son sort sera le même sous n'importe quelle idéologie. Sous la démocratie, il sera encouragé à mourir de faim dans une mansarde, sous le fascisme, il sera mis dans un camp de concentration, sous le communisme, il sera liquidé. »

T.H. blanc

«Le Cameroun n'est pas un pays d'esclaves que personne ne peut libérer.»

Janvier Chouteu-Chando

"Chaque grande cause commence comme un mouvement, devient une affaire, et finit par dégénérer en un racket."
Eric Hoffer

«Cependant, les partis politiques peuvent parfois répondre à des fins populaires, ils sont susceptibles, au fil du temps et des choses, de devenir de puissants moteurs grâce auxquels des hommes rusés, ambitieux et sans scrupules pourront subvertir le pouvoir du peuple et usurper pour eux-mêmes les rênes du gouvernement, détruisant par la suite les moteurs mêmes qui les ont portés à la domination injuste. »
George Washington

« Vous voyez ces dictateurs sur leurs piédestaux, entourés par les baïonnettes de leurs soldats et les matraques de leur police... mais dans leur cœur, il y a une peur inexprimée. Ils ont peur des mots et des pensées: les mots prononcés à l'étranger, les pensées qui bougent chez eux - d'autant plus puissantes parce qu'elles sont interdites - les terrifient. Une petite souris de pensée apparaît dans la pièce, et même les potentats les plus puissants sont plongés dans la panique.»
Winston S. Churchill

« Nous ne sommes pas impliqués dans cette lutte seulement parce que nous pensons que nous allons démanteler ce système dans la durée de notre vie. Nous espérons que le Cameroun changera demain. Mais si ce n'est pas le cas, nous serons heureux de savoir que nous avons rendu le terrain fertile pour la prochaine génération qui mettra fin à la pourriture dans ce pays et puis établir le CAMEROUN NOUVEAU.»
Dr. Samuel F. Tchwenko, ex-UPCist et le chef 'idéologue du SDF historique de 1990-2002

« Ces divisions, que les puissances coloniales ont toujours exploitées pour mieux nous dominer, ont joué un rôle important - et jouent encore ce rôle - dans le suicide de l'Afrique. »
Patrice Lumumba

« L'ennemi ce n'est pas celui qui te fait face l'épée à la main mais celui qui est derrière toi poignard dans le dos."
Thomas Sankara

« Nous savons que l'Afrique n'est ni Française, ni Britannique, ni Américaine, ni Russe, qu'elle est Africaine. Nous connaissons les objets de l'Occident. Hier, ils nous ont divisés au niveau d'une tribu, d'un clan et d'un village...Ils veulent créer des blocs antagonistes, des satellites ... »
Patrice Lumumba

« Je ne me suis jamais occupé de voler à bas prix. Je me disais toujours: «En prenant ce vol, j'économisez assez d'argent pour sauver quatre chiens, ou six chats, ou je vais me permettre de faire la différence pour une femme qui sauve des chimpanzés au Cameroun.»
Elayne Boosler

« La plus grande difficulté rencontrée est constituée par l'esprit de néo-colonisé qu'il y a dans ce pays. Nous avons été colonisés par un pays, la France, qui nous a donné certaines habitudes. Et pour nous, réussir dans la vie, avoir le bonheur, c'est essayer de vivre comme en France, comme le plus riche des Français. Si bien que les transformations que nous voulons opérer rencontrent des obstacles, des freins.»
Thomas Sankara

« ... Le monde est béni de temps en temps avec des âmes uniques qui, bien que chargées de leurs croix invisibles, ont toujours la force extraordinaire d'avancer dans la vie et de donner un coup de main aux autres en même temps. Malgré leurs tribulations, la plupart d'entre nous pensent qu'ils vont bien. Même quand le poids de leurs croix devient insupportable, même quand ils se déroulent d'une manière haletante, nous avons encore du mal à comprendre qu'ils se noient. En fait, nous les condamnons même pour ne pas avoir sacrifié plus ... »

Janvier Chouteu-Chando, « Disciples de la Fortune »

« L'indépendance politique n'a pas de sens si elle ne s'accompagne pas d'un développement économique et social rapide.»

Patrice Lumumba

Contents

LES CARTES

Le Cameroun sur une carte du monde

Le Cameroun sur une Carte de l'Afrique

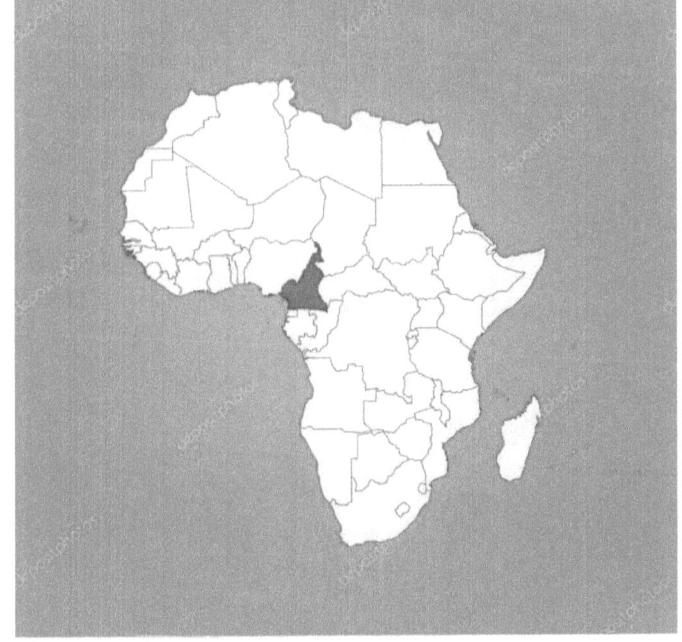

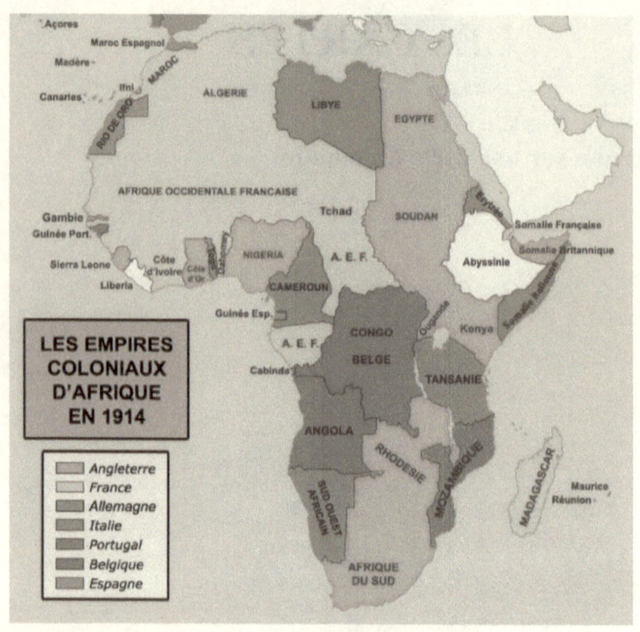

Les Pays D'Afrique

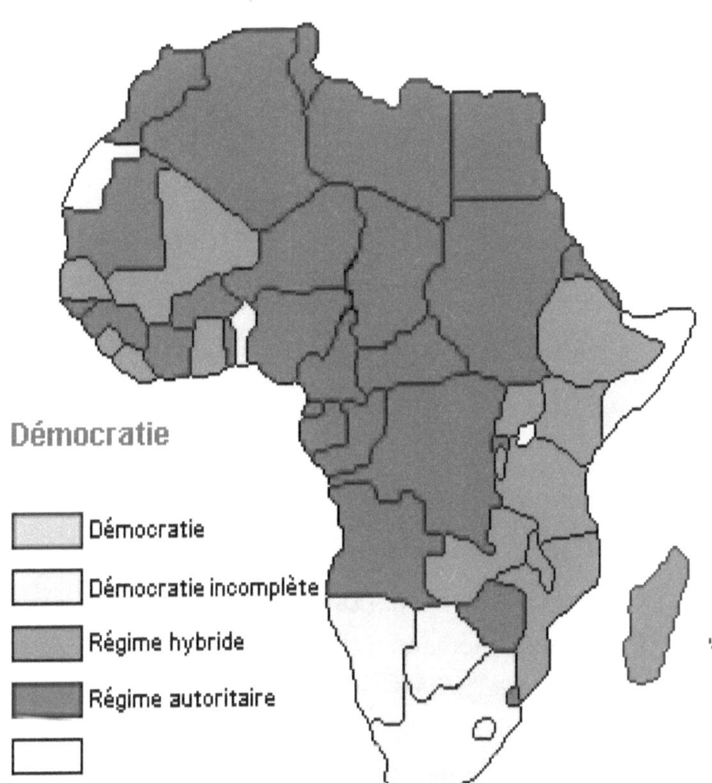

Démocratie
Démocratie
Démocratie incomplète
Régime hybride
Régime autoritaire

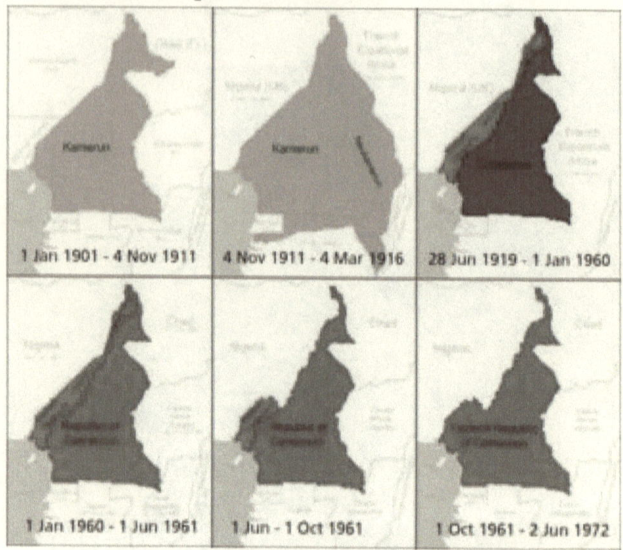

1. Cameroun Allemand (1884-1911)
2. Cameroun Allemand (1911-1916)
3. Cameroun Britannique & Cameroun Français: 1916-1960
4. Cameroun Britannique & La République du Cameroun (1960-61)
5. Southern Cameroun Britanniques & La République du Cameroun (1960-61)
6. Réunifie—La République Fédérale du Cameroun (1961-1972)

L'Unité du Cameroun: et

Le «Cameroun Nouveau»

INTRODUCTION

La cause pour le changement que la majorité des peuples Camerounais (les masses qui luttent) poursuivent ne porte pas ses origines du vent de changement (l'appel à une démocratie dynamique au Cameroun) que le Glasnost et la Perestroïka qui ont été initié par Mikhaïl Sergueïevitch Gorbatchev, le leader de l'Union Soviétique ont engendré à travers le monde, un vent de changement qui a secoué ces systèmes politiques qui ne se conformaient pas aux exigences de la civilisation mondiale et du progrès. Nous parlons ici de ces mauvais gouvernements qui ont échoué à placer la liberté et l'indépendance de l'homme, et l'intérêt de l'humanité au-dessus de l'intérêt tordu de la minorité égoïste sans scrupules.

La cause du changement, connue sous le nom de "La Lutte Camerounaise (La Lutte Kamerunaise), a commencé en 1910 sous la direction de Martin Paul Samba (Mebene Mebongo). Les patriotes Camerounais, qui acceptent l'un l'autre, indépendamment de l'ethnie, de la race, de la religion ou de l'origine de leurs compatriotes, reconnaissent que la première phase de la lutte Kamerunaise (Camerounaise) a été vaincue en 1914 par l'armée coloniale

Allemande suite à l'exécution de Martin Paul Samba et Rudolf Duala Manga Bell, les deux nationalistes-civiques les plus importants de la colonie à l'époque. Ils acceptent également le fait qu'en raison de cette défaite, la terre a perdu une force patriotique ou une force nationaliste-civique qui est unifiant, pour assurer l'unité de Kamerun pendant et après la Première Guerre Mondiale (la Grande Guerre), un vide qui a joué contre le peuple Kamerunaise lorsque les puissances coloniales victorieuses (la France et la Grande-Bretagne) ont divisé le Kamerun après la guerre, la colonie qu'ils ont conquis d'Allemagne.

La léthargie qui suivit la première défaite de la lutte Kamerunaise et la partition du Kamerun Allemand d'avant 1911 en le Cameroun Français et en les Cameroun Britanniques (Le Cameroun du Nord Britannique ou Le Cameroun Septentrional Britannique—*British Northern Cameroons* et Le Cameroun du Sud Britannique ou Le Cameroun Meridional Britannique—*British Southern Cameroons*) dura trente ans, soit l'équivalent d'une génération, avant que les peuples de l'ancienne colonie Allemagne divisés ont ravivé leur conscience nationale. Cette fois-ci, la relance des objectifs originels de la lutte Kamerunaise—l'indépendance, la liberté, la justice, le développement, l'unité, la paix, la démocratie, la liberté, le progrès, la coopération internationale et la fraternité internationale—a été réalisée avec un objectif supplémentaire de réunir un peuple qui, sans faute de leur part, avait été séparé l'un de l'autre pour été séparés afin de satisfaire les intérêts de la Grande-Bretagne, de la France et des autres puissances étrangères.

La tâche de réunir les deux Kameruns signifiait aussi

atténuer les conséquences de la partition et mettre la terre et ses habitants sur le chemin pour réaliser le but originel de la lutte Kamerunaise incarnée dans les mots «LE REVE KAMERUNAISE» (LE RÊVE CAMEROUNAIS). Cette deuxième phase de la lutte Camerounais dominée par la quête de la réunification du Cameroun Britannique et du Cameroun Français a été menée par l'UPC (Union des Populations du Cameroun), un parti politique légal né au Cameroun Français le 11 Avril 1948. L'UPC et ses partis politiques affiliés commandaient plus de 90% du soutien des Camerounais éduqués au Cameroun Français et au Cameroun Britannique et bénéficiaient du soutien ouvert ou tacite de plus de 80% des Camerounais dans les deux territoires avant les autorités Françaises vindicatives et craintives ont interdit l'UPC le 13 Juillet 1955, un décision qui a été soutenu deux ans plus tard par les autorités Britanniques dans les Cameroun Britanniques quand les autorités là ont également interdit l'UPC en 1958. Avec l'élimination de la scène politique du parti qui était le mouvement le plus dominant de la terre et qui était le meilleur reflet des aspirations du peuple Camerounais, Les conditions de réunification et d'indépendance des terres de l'ancien Kamerun Allemand (le Cameroun Britanniques et le Cameroun Français) étaient dans une situation difficile.

Le fait que, après son interdiction, l'UPC n'ait pas eu d'autre choix pour mener librement "les masses Camerounaises" dans la lutte à leurs aspirations, le fait que les puissances coloniales percevaient l'UPC comme un obstacle dans leur conception et leur influence sur l'ancien Kamerun Allemand, et le fait que ses membres étaient traqués et tués, l'UPC est finalement arrivé à la conclusion qu'il n'avait pas d'autre choix que de recourir à la voie de la résistance armée. La décision douloureuse qui a conduit à plus de dix ans de résistance armée a énormément contribué à l'évolution politique des territoires de l'ancien Kamerun Allemand et à la réunification partielle de ces territoires (Cameroun du Sud Britannique et Cameroun Français), mais elle s'est soldée par la mort de plus d'un demi-million de Camerounais (10% de la population), et cette réunification est arrivé avec la perte du Cameroun du Nord Britannique au Nigéria. Oui, la cause qui a motivé la réunification et l'indépendance du Cameroun a abouti à la réunification du Cameroun du Sud Britannique et la République du Cameroun (l'ancien Cameroun Français) en 1961, suite aux résultats du plébiscite au Cameroons du Sud Britannique (*British Southern Cameroons*), mais le prix que le peuple ont payé était très élevé—Les Camerounais ont été témoins du premier cas de crimes contre l'humanité commis par l'armée Française au Cameroun Français et par la régime fantoche que la France a mis en place après avoir fait du Cameroun Français un membre de l'Organisation des Nations Unies le 1er Janvier 1960 en lui accordant l'indépendance dans un processus qui a effectivement fait du territoire une possession néocoloniale de la France.

L'assassinat de Ruben Um Nyobé (le chef de l'UPC) le 13 Septembre 1958 par les forces Françaises; l'empoisonnement de son successeur Félix-Roland Moumié à Genève en Octobre 1960 par William Bechtel, un agent des services secrets Français; et l'exécution du troisième chef historique de l'UPC Ernest Ouandié, le 15 Janvier 1971, après en Août 1970 il s'être livré aux forces du régime d'Ahmadou Ahidjo, qui était installé par la France; marque la deuxième défaite de la lutte, l'enracinement réussi du système imposé par la France sous le régime de la marionnette Française Ahmadou Ahidjo (le premier président Camerounais), et une nouvelle réalité d'une pseudo-indépendance pour apaiser les peines et les émotions des Camerounais patriotes, qui dans leur majorité sont les masses qui luttent. Le système considérait la stratégie comme un moyen efficace de neutraliser le civisme-nationalisme populaire, un union-nationalisme très particulier que on appelé aussi le, qui est considéré comme un idéal avancé qui rassemble des peuples divers dans un continent infesté par les divisions ethnies, religieuses et raciales. La stratégie de la carotte et du bâton consistant à réprimer, a intimider, a donner des cadeaux, a extorquer, et a corrompre que les dirigeants politiques Français sous l'égide de Francafrique (la relation spéciale de la France avec ses anciennes colonies et territoires africains établis avant de leur accorder l'indépendance) a soutenu le gouvernement d'Ahmadou Ahidjo, et soutient le régime usurpateur du successeur d'Ahidjo, Paul Biya, depuis qu'il a reçu le pouvoir d'Ahmadou Ahidjo en 1982.

Cette défaite de la deuxième phase de la lutte Camerounaise après la réunification du Cameroun a conduit à une seconde léthargie politique qui a même miné le caractère démocratique de l'ancien Cameroun Britannique dans un processus d'assujettissement qui a gardé le peuple Camerounais dynamique docile ou politiquement subjugué pendant deux décennies.

Aujourd'hui, nous sommes dans la troisième et apparemment ou certainement la dernière phase de la lutte Camerounaise pour réaliser le Rêve Kamerunaise du "CAMEROUN NOUVEAU".

C'est flagrant pour tout le monde le fait que les masses Camerounaises qui luttent se sont débarrassés de leur léthargie politique; que leur détermination à réaliser les objectifs de la lutte Camerounaise (Camerounaise) vieille de huit décennies est clairement et résolument remise en question ou résistée par le statu quo ou le régime de président Paul Biya et ses bailleurs de fonds externes (la configuration politique Française sur l'Afrique autrement connue comme Francafrique) qui ont bénéficié de l'installation de la mafia appelée le système Camerounais, est quelque chose que le monde connaît. Mais les partisans du changement au Cameroun savent que se débarrasser du système anachronique imposé par la France est le seul recours qui permettrait aux Camerounais de construire "Le Cameroun Nouveau" qui impliquerait les Camerounais de tous les groupes ethniques et religieux, de tous les groupes affiliations politiques, et de toutes les régions et races dans le processus de construction de la nation. Les Camerounais savent que se débarrasser du système est la première étape de la réconciliation du Cameroun et des Camerounais.

Dans le pouvoir depuis 1982, c'est le dictateur absent de l'Afrique Paul Biya, qui a été fait le successeur de son prédécesseur Ahmadou Ahidjo par un ordre de l'ancienne présidente Française Françoise Mitterrand; un Ahidjo, lui-même qui était porté au pouvoir par les Français pour usurper les aspirations des Camerounais dans leur lutte de libération menée par l'UPC que la France a interdite en 1955, un parti politique avec plus de 80% des intellectuels du pays et encore plus de soutien national. La France avait assuré le pouvoir d'Ahidjo en décimant sa base de soutien dans une guerre de 12 ans contre le parti et en tuant tous les dirigeants de l'UPC (Un Nyobé 1958, Félix Moumié à Genève en 1960, Osendé Afana en 1966, Ernest Ouandié en 1971 etc.), par ce moyen laissant au Cameroun une nation hantée par une «lutte de libération inachevée». Aujourd'hui, les Camerounais ne cherchent pas seulement à se débarrasser de l'autocratie du dictateur Biya, ils essaient aussi de se débarrasser du système imposé par la France que ses gardiens veulent poursuivre avec quelqu'un d'autre après le départ de Paul Biya.

Chapitre Un

La Voie de la Réunification du Cameroun: Les Plébiscites du Cameroun Britannique de 1959 à 1961

Entre 1959 et 1961, une série de référendums ont été organisés dans les territoires du Cameroons Britannique—Cameroun Britannique(British Northern Cameroons—Cameroun Septentrional Britannique et British Southern Cameroons—Cameroun Méridional Britannique) afin de déterminer non seulement l'évolution politique de cette partie de l'ancien Kamerun Allemand, mais surtout de déterminer nature future de la souveraineté de ces territoires. Voici les résultats.

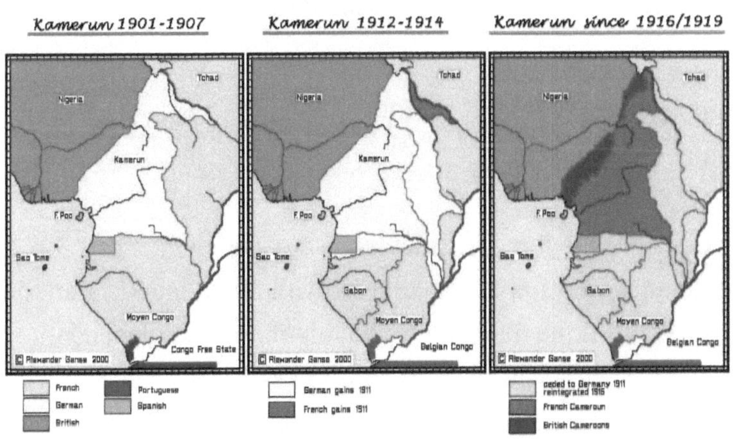

Le plébiscite de Novembre 1959 dans le Cameroun Septentrional Britannique *(British Southern Cameroons)*

Points Principaux: On a demandé aux électeurs s'ils souhaitaient rejoindre le Nigeria lorsqu'il devenait indépendant ou s'ils souhaitaient décider du statut politique à une date ultérieure.

Cameroun Septentrional Britannique *(Northern Cameroons)*

Électeurs inscrits	129,549
Votes Totaux (Participation Electorale)	113,859 (87.9%)
Votes Invalides / Nuls	525
Total des Votes Valides	113,334

Résultats	Nombre de Votes	% de Votes
Union avec le Nigéria	42,788	27.75%
Report de la Décision	70,546	62.25%

Le Plébiscite des 11 et 12 Février 1961 au Cameroun Britannique (British Cameroons)

Points principaux: On a demandé aux électeurs s'ils souhaitaient s'unir au Nigeria nouvellement indépendant ou à la République du Cameroun nouvellement indépendante (l'ancien Cameroun Français de 1918-1960) lorsque l'indépendance est accordée aux deux régions.

Cameroun Septentrional Britannique (Northern Cameroons)

Électeurs inscrits	292,985
Votes Totaux (Participation Electorale)	Non Disponible (N/A)
Votes Invalides / Nuls	Non Disponible
Total des Votes Valides	243,955

Cameroun Méridional Britannique (Southern Cameroons)

Électeurs inscrits	349,652
Votes Totaux (Participation Electorale)	Non Disponible (N/A)
Votes Invalides / Nuls	Non Disponible
Total des Votes Valides	331,312

Résultats	Northern Cameroons (Cameroun Septentrional)		Southern Cameroons (Cameroun Méridional)	
	Nombre de Votes	% de Votes	Nombre de Votes	% de Votes
Union avec la Fédération du Nigeria	146,296	59.97 %	97,741	29.50%
Union avec la République du Cameroun	97,659	40.03 %	233,571	70.50%

Le Résultat du Plébiscite de 1961 au Cameroun Méridional

District de Plébiscite	Nigeria	Cameroun	Total	% pour Le Cameroun
Victoria				
· Sud-ouest	2552	3756	6308	59.5
· Sud-est	1329	4870	6199	78.6
· Nord-ouest	4744	4205	8949	47
· Nord-est	3291	9251	12542	73.8
Kumba				
· Nord-est	9466	11991	21457	55.9
· Nord-ouest	14738	555	15293	3.6
· Sud-est	6105	12827	18932	67.8
· Sud-ouest	2424	2227	4651	47.9
Mamfe				
· Ouest	2039	8505	10544	80.7
· Nord	5432	6412	11844	54.1
· Sud	685	8175	8860	92.2
· Est	1894	10177	12071	84.3
Total (Zone du Sud— la Région Sud-Ouest aujourd'hui)	54699	82951	137650	60.3
Bamenda	8073	18835	26908	70.0

· Nord				
· Est	1822	17858	19680	90.7
· Centre ouest	1230	18027	19257	93.6
· Centre Est	529	18193	18722	97.2
· Ouest	467	16142	16609	97.2
· Sud	220	19426	19646	98.9
Wum				
· Nord	1485	7322	8807	83.1
· Central	3644	3211	6855	46.8
· Est	1518	13155	14673	89.7
· Ouest	2137	3449	5586	61.7
Nkambe				
· Nord	5962	1917	7879	24.3
· Est	3845	5896	9741	60.5
· Central	5059	4288	9347	45.9
· Sud	7051	2921	9972	29.3
Total (Zone du Nord— la Région du Nord-Ouest aujourd'hui)	43042	150640	193682	77.8
Total (Cameroun Méridional Britannique)	97741	233591	331332	70.5

Domination française
jusqu'à l'indépendance
(janvier-juillet 1960)

Domination britannique
jusqu'à l'indépendance
(octobre 1960)

"Cameroun britannique"
le Nord rattaché au Nigeria
en mai 1961, le Sud rattaché
au Cameroun en octobre 1961

Domination espagnole
jusqu'à l'indépendance
(octobre 1968)

frontières actuelles

Source : d'après carte réalisée par
Mélanie Torrent

200 km

Niger
Zinder
Kano
Maiduguri
N'Djamena
Tchad
Kaduna
Nord
Abuja
Moundou
Nigeria
Sud
Ngaoundéré
Cameroun
République
centrafricaine
Port Harcourt
Nkongsamba
Malabo
Douala
Youndé
Guinée
équatoriale
Bata
Gabon
Congo

Atelier de cartographie de Sciences Po, novembre 2010

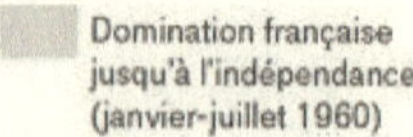
Nigeria
Tchad
Cameroon
F. Poo
Sao Tome
Congo
Brazzaville
Gabon
Congo
Leopoldville
© Alexander Ganse 2000

Cameroon
Independent

British Cameroons
joined Cameroon in 1961
joined Nigeria in 1961

Chapitre Deux

L'Unité du Cameroun et les Espoirs, les Rêves et les Peurs des Kamerunistes (Les Union-Nationalistes du Cameroun)

Aujourd'hui, les union-nationalistes du Cameroun sont des révolutionnaires pragmatiques, sont des réformateurs progressistes ou sont des évolutionnistes radicaux. Ce sont des hommes et des femmes qui ont grandi en étant ce qu'ils sont plus comme une confection de circonstance que de ce qui leur a été donné par la naissance qui leur a donné une identité sociale. Ces personnes ont beaucoup développé ou ils n'ont pas supprimé leur contact humain. Contrairement à la plupart, ils ne trouvent pas facile de vivre sans le moindre spasme en ce qui concerne les douleurs et la soufFrance de leurs compatriotes. Contrairement à la plupart, ils ont mis leurs objectifs bien au-dessus des considérations personnelles et même au-dessus de leur intérêt personnel—une qualité rare. En s'attardant sur leur sens de l'humanité, ils considèrent l'allègement des douleurs, des tourmente et des cauchemars de leurs compatriotes au-dessus de l'allégement de leur bien-être personnel. C'est en raison de leur humanisme total et de leur profonde conscience de la réalité Camerounaise qu'ils ont accepté le fait que la tâche exigeante de l'allégement ne peut pas être basée sur des individus qui sont si nombreux et complexes comme des entités séparées. Les union-nationalistes Camerounais sont parfaitement conscients du fait que la tâche d'allégement devrait être pour tout le peuple Camerounais. Ils savent que les Camerounais ont été déshonorés, opprimés et traumatisés en masse et non séparément.

Permettez-moi d'appeler les types qui dans notre histoire s'appellent les union-nationalistes du Cameroun, les Camerounaises avancés. Ces groupes exceptionnels de patriotes, qui ont été façonnés par les circonstances et qui ont un perception clair du sens de la vie, n'ont jamais été autorisés à la gouvernail de pouvoir dans la vie politique du pays. Avec des origines légendaires et un passé horrible, ils sont le meilleur reflet du Cameroun lui-même. Les union-nationalistes Camerounais sont conscients des sentiments tribaux, ethniques, religieux, culturels et linguistiques; cependant, ils n'ont pas permis à ceux-ci d'aveugler et de submerger leur raisonnement pour un Cameroun progressiste. Ils sont conscients du fait que la maladie chronique du Cameroun réside dans ses institutions anachroniques, une domination totale de la France et un leadership oligarchique détachée. Ce sont les différents sentiments et fonctionnements du système imposé par la France qui ont façonné les différents Camerounais à des degrés divers et les contraignent dans leur quête d'un changement et d'un progrès authentiques. Cependant, les union-nationalistes du Cameroun dans leurs idéaux avancés sont ces compatriotes exceptionnels qui se sont détachés des défauts du système et des sentiments aveuglants des liens tribaux, ethniques, religieux, culturels, linguistiques et sociaux. Ils représentent la quintessence du Camerounais renouvelé.

Depuis que la territoire connue comme le Kamerun est devenu une entité géopolitique distincte sous la domination coloniale Allemande il y a onze décennies, le Cameroun a parfois conçu des mouvements de libération qui auraient fait avancer la nation dans une meilleure position si ces forces civiques-nationalistes avaient réussi dans leur cause.

En 1910, Martin Paul Samba (Mebenga Mebono), le premier dirigeant nationaliste-civique Kamerunaise, réalisa que le progrès et la gloire de la terre reposaient davantage dans un avenir dépourvu de contrôle colonial et imprégné de concepts progressistes Camerounais. Il a commencé l'un des premiers mouvements de libération en Afrique et le premier en Afrique noire. Cependant, le temps et le destin l'ont coupé court dans sa campagne pour rassembler le plein appui des peuples de Kamerun. Quand l'armée coloniale Allemande l'a acculé près d'Ebolowa en 1914, il a opté pour la reddition plutôt que de faire face au massacre de son peuple. Le 8 Août 1914, Martin Paul Samba fut exécuté, un jour après l'exécution de Rudolf Duala Manga Bell, son ami proche et allié . Ce fut le premier traumatisme du nationalisme-civique Camerounais dans les mains de l'armée coloniale Allemande, menant à la défaite de cette idée unifiant dans la première phase de la lutte Kamerunaise et à la dormance de son nationalisme pour les années à venir. Ce fut un traumatisme si profond que, même après que les forces Britanniques et Françaises eurent vaincu l'armée Allemande au Kamerun en 1916, aucune force nationaliste-civique n'est apparue pour défendre le territoire contre la partition par les puissances européennes victorieuses.

Cette partition du Kamerun entre le Cameroun Britannique et le Cameroun Français et la règle impérative qui en découla se traduisirent par des conséquences d'une perturbation des liens économiques, politiques et culturels passés, ainsi que de leur utilisation résultante. De plus, ce sont les insuffisances de la partition et les bouleversements qui hantent aujourd'hui l'unité du Cameroun . L'imposition d'administrations séparées Anglaises et Françaises sur le territoire, comme convenu dans la formule du mandat, n'a créé que des systèmes qui avaient peu de points communs avec les expériences précoloniales et qui étaient déconnectés de la réalité Camerounaise de l'époque.

Oui, c'est en raison de cette partition regrettable que le nationalisme-civique Camerounais a été ravivé trois décennies plus tard, avec un contenu unifiant cette fois-ci dans la quête des Camerounaises de réunir le Cameroun Britannique et le Cameroun Français. Le nationalisme-civique Camerounaise est devenu l'union-nationalisme Camerounais. La campagne a commencé au Cameroun Français en 1948 sous l'UPC (Union des populations du Cameroun) et s'est étendu au Cameroun Britannique où OK ((One Kamerun) et le KNDP (Kamerun National Democratic Party) l'ont défendu. Les objectifs des union-nationalistes Francophones et Anglophones dans les années 1950 devaient réunir les deux territoires et poursuivre l'ultime Rêve Camerounais d'un "CMAEROUN NOUVEAU". C'était envisagé que le Cameroun Nouveau ferait:

- Construire un véritable ethos bilingue.
- Combler la disparité dans le développement des secteurs Anglophones et Francophones.
- Travailler pour l'évolution d'un nouveau peuple Camerounais à partir des différentes types de pensées et d'actions de ses enfants Francophones et Anglophones.
- Et créer une nation Kamerunaise qui est démocratique, libérale, libre, progressiste, unie, forte et développée.

Les principaux exposants de ce rêve Camerounais étaient Ruben Um Nyobé, Félix Moumié, Albert Kingué, Ernest Ouandié, Léonard Bouli, Etienne Libaï, Osendé Afana, Nde Ntumazah, Albert Mukong et John Ngu Foncha. La majorité des Camerounais avait du respect pour ces légendes de leur temps dans la lutte pour réaliser le rêve Camerounais proposé par Martin Paul Samba.

Imaginez ce que le Cameroun aurait été aujourd'hui si ses combattants de la libération et les union-nationalistes n'avaient pas été empêchés d'arriver au pouvoir et s'ils avaient été laissés libres pour construire le Cameroun après le réunification et l'indépendance. Ce n'était jamais le cas. La France était déterminée à ne jamais lâcher son contrôle sur le Cameroun, sa perle africaine. L'imposition par la France du système qui persiste aujourd'hui au Cameroun et l'installation du régime des marionnettes Ahidjo ont consolidé le complot Français qui a précédé l'interdiction de l'UPC en 1955, qui a déclenché une guerre de libération contre la France.

Cette guerre impitoyable de dix ans, pour éliminer tous les aspects de l'influence de l'UPC dans le pays, une campagne génocidaire qui a vu la mort de près d'un million de Camerounais dans les mains des forces Françaises et l'armée Camerounaise qu'ils ont créée et laissée sous le commandement d'Ahmadou Ahidjo. Cette guerre de libération a pris fin avec la défaite effective des union-nationalistes Camerounais, ou plus précisément l'UPC, dans la deuxième phase de la lutte Camerounaise pour l'indépendance et ses attributs tels que la démocratie, l'illumination, le progrès et le développement. Ruben Um Nyobé, Félix-Roland Moumié, Osendé Afana, Ernest Ouandié et plusieurs autres membres de la direction de l'UPC ont été éliminés et les autres ont été chassés en exil ou réduits à la capitulation par l'armée Française et le régime fantoche mis en place au Cameroun sur la commandement d'Ahmadou Ahidjo. C'est la mort, l'exil et la capitulation des dirigeants de la deuxième phase de la lutte Camerounaise et la complaisance béate du peuple Camerounais qui ont déclenché la maladie infantile du Cameroun, une maladie qui a remplacé les espoirs d'un rêve par la peur et le désespoir.

Imaginez ce que serait devenu le Cameroun si les union-nationalistes Anglophones et Francophones avaient réalisé la réunification, l'indépendance et la gouvernance. Si cela avait été le cas, les choses suivantes seraient arrivées:

- Le Cameroun Nouveau aurait été né avec une

fondation authentique et solide.

- Les Camerounais auraient réalisé la plupart des rêves du union (les objectifs de la réunification et de l'indépendance).

- La poursuite de la guerre de libération de l'UPC contre l'armée Française persistante au Cameroun et l'armée Camerounaise post-indépendantiste des Francophiles (pseudo-nationalistes) aurait été évitée.

- Alors, la mort de près d'un million de Camerounais aux mains d'Ahidjo et des troupes Françaises n'aurait pas eu lieu, un génocide cauchemardesque qui continue de hanter les Camerounais. Ces décès ont donné aux Camerounais un sentiment de scepticisme, de cynisme, de découragement, de trahison, de malhonnêteté et d'égocentrisme; et les a traumatisés dans un état de léthargie politique.

- Et les héritages pressants de la partition ne seraient toujours pas aussi flagrants qu'ils le sont aujourd'hui.

Aujourd'hui, la plupart des Camerounais s'accordent à dire que les obstacles humains au renforcement de la nation résident dans le fait que la réunification et l'indépendance ont été réalisées par des union-nationalistes Anglophones bien intentionnés pensant qu'ils avaient de véritables partenaires avec le régime d'Ahmadou Ahidjo, qui était en réalité une machine politique mercenaire mise en place par la France pour gérer le système néocolonialiste et fasciste que la France avait mis en place au Cameroun, un système qui existe aujourd'hui. Les union-nationalistes Anglophone ont engage le régime Francophile Ahidjo qui avait peu de respect et peu de connaissant les aspirations Anglophones et le rêve collectif du peuple Camerounais (les objectifs de réunification et d'indépendance). Ahidjo a été mis au pouvoir pour défendre les intérêts de ceux dans l'establishment politique Français, ses collaborateurs et son ego. Il était prêt à le faire à tout prix. Oui, c'est cet héritage de rétention de pouvoir, d'oppression et de division que le régime de Paul Biya a hérité et qu'il renforce de façon excessive, sans vergogne et sans scrupule, afin de maintenir sa mainmise sur le pouvoir. Oui, le régime honteux d'Ahidjo a trahi le rêve de la réunification et de l'indépendance et a conçu le virus de la méfiance, de la désintégration et de la malhonnêteté que le régime de Biya a proliféré pour étouffer le Rêve Camerounais chéri et tuer la naissance du "Cameroun Nouveau". C'est un virus qui a presque érodé notre esprit dynamique et nos valeurs progressistes, nous laissant avec le spectre imminent du découragement qui menace de condamner le Cameroun.

L'esprit de réunification et son rêve universel ont été les facteurs dominants dans nos vies politiques avant la quasi-indépendance / réunification de la plupart des territoires qui sont sortis du Kamerun Allemand suite à sa partition par la Grande-Bretagne et la France. Néanmoins, c'est la communauté Anglophone dirigée par les union-nationalistes Anglophones qui a réalisé la réunification. Le rôle des union-nationalistes Anglophones est le plus patriotique à avoir été réalisé et toute la force de l'Union-

Nationalisme Camerounais tient les gens de l'ancien Cameroun Britanniques du Sud (British Southern Cameroons) hautement pour cela. Pourtant, le rêve Camerounais ultime, qui est la responsabilité des Camerounais Anglophones et des Camerounais Francophones, n'a pas été réalisé. La responsabilité de ce revers repose entièrement sur l'establishment politique que la France a imposé au Cameroun, les régimes mercenaires et Francophiles d'Ahmadou Ahidjo et de Paul Biya, qui regorge de collaborateurs dont la majorité sont des Camerounais Francophones et dont la minorité sont des Camerounaise Anglophones. Ce qui est malheureux, c'est que la communauté Anglophone a été la plus trahie. Cependant, nous devons être honnêtes avec nous-mêmes en acceptant le fait que tout le peuple Camerounais a été trahi par le système imposé par la France et que, de différentes manières, nous avons aussi contribué au succès des régimes imposés par la France.

Aujourd'hui, presque trois décennies se sont écoulés depuis la résurgence de l'union-nationalisme Camerounais. Cependant, les années de léthargie hantent encore le peuple Camerounais. Les questions maintenant sont:

- Doit-on laisser mourir le Rêve Camerounais?
- Faut-il laisser les croyances réalistes de la majorité des Camerounais pendant près d'un siècle de se terminer comme un illusion parce que la France et ses complices Camerounais—antipatriotiques et antinationalistes ne les chérissent pas?
- Doit-on permettre au Cameroun de se désintégrer et

doit-on 'échouer le mouvement légendaire pour le réunification et l'indépendance qui a reçu une réponse positive lors du plébiscite de 1961 par les Camerounais du Cameroun Britanniques du Sud et vaillamment combattu par la majorité des - Camerounais de l'ancien Cameroun Français, simplement parce qu'une une minorité perfide de l'établissement imposé par la France ne se soucie pas de notre plus grand héritage?

- Doit-on laisser le désespoir submerger notre rêve centenaire et nous-mêmes?

- Devrions-nous trahir nos légendes et héros déchus parce que le prix pour rejeter le système imposé par la France est trop élevé?

Non! les union-nationalistes du Cameroun ne le feraient pas. Ils ne trahiraient pas leurs ancêtres, leurs rêves, leurs héros, leur histoire de résistance et eux-mêmes.

Les Camerounais ne se rendraient pas au découragement. Ils continueraient la lutte contre les influences politiques oppressives et exploitantes au Cameroun sous l'apparence du système politique actuel. Ils continueraient sans relâche dans la lutte pour éliminer les aspects destructeurs des années de partition et des régimes régressifs des Ahidjo/Biya.

Les Camerounais ne capituleront jamais dans la lutte contre le système anachronique imposé par la France et le régime de Paul Biya. Ils sont déterminés à continuer dans la lutte pour éradiquer le désespoir décourageant, la division, le cynisme, la malhonnêteté et l'égocentrisme qui ont saisi l'âme autrefois Camerounaise. C'est la volonté des union-nationalistes.

Ils sont déterminés à continuer à hisser le drapeau de la lutte Camerounaise à une conclusion logique. Cet engagement n'est pas une question de mots. C'est une lutte difficile, exigeante et désintéressée - une tâche exigeant des actions, des sacrifices et de la constance. Si nous sortons tous de notre léthargie politique et rejoignons la cause, tout sera bientôt gagné; et nous ne regretterions pas que nous ayons échoué à sauver notre nation de la désintégration. Cela ne peut être accompli qu'après que nous ayons abandonné nos attitudes égocentriques et banni les héritages négatifs de la partition et leaderships déshumanisantes de Ahidjo/Biya à la poubelle de l'histoire.

Le 4 Novembre 1994   *Janvier Tchouteu*

Chapitre Trois

L'Evolution Géopolitique de l'Allemagne et du Cameroun Comparée

Deux récits historiques qui ne reflètent pas la véritable histoire du Cameroun se propagent à haute voix aujourd'hui.

L'un est le récit historique du système imposé par la France. Il représente l'histoire étriquée et déformée du Cameroun qui a été utilisée pour le lavage de cerveau des générations de Camerounais post-indépendance. C'est étayé par les historiens du système et par les récits d'historiens comme Dr. Emmanuel Konde du Cameroun qui a écrit à ce sujet en 2001, justifiant la domination du régime actuel de Paul Biya et de son régime prédécesseur de Ahmadou Ahidjo, ou cherchant essentiellement à justifier le plan de match étouffant du système maléfique que la France a imposé sur Cameroun. Les récits des historiens du système et des historiens qui tentent de justifier la nature perverse du système imposé par la France sous les régimes Ahidjo-Biya dénigrent le Cameroun.

C'est également évident que les récits des anti-réunificationnistes tendent à dépeindre un récit historique différent qui cherche non seulement à invalider l'évolution constitutionnelle ou inconstitutionnelle du Cameroun, mais tendent à manquer de respect et même à rejeter les sacrifices des union-nationalistes des deux côtés de la rivière Mungo qui ont fait campagne, qui ont combattu, qui sont mort et qui ont voté pour la réunification des Kamerun divisés, des union-nationalistes dont le rêve avancé a réalisé la réunification alors qu'ils étaient empêchés d'avoir les leviers du pouvoir par la conspiration Anglo-Française qui a mis la marionnette Ahmadou Ahidjo au pouvoir au Cameroun. J'ai observé le Professeur Carlson Anyangwe et le vétéran journaliste Herbert Boh comme les plus vocaux avec ce récit, exposant leurs faiblesses fondamentales en ce qui concerne l'histoire Camerounaise et les leçons à en tirer.

Le premier récit est celui de ceux qui n'ont jamais demandé, n'ont jamais combattu et n'ont jamais aspiré à la réunification et à l'indépendance du Cameroun. C'est le récit de ceux qui ont suivi les directives des puissances Françaises et Britanniques contre les intérêts du Cameroun. C'est le récit de ceux qui se sont conciliés dans la lutte pour un Cameroun libre, démocratique, indépendant, libéral, progressiste, uni et prospère. C'est celui du chien de tour qui est joyeux que le maître l'aida à en avoir un sur le chien de garde, inconscient du fait que son maître avait un agenda. Le premier récit est celui de ceux qui ont détruit les bases solides établies par les union-nationalistes Camerounais dirigé par l'UPC dans les années 1950. Ces agents du system impose par la France ont ensuite érigé une nouvelle fondation en argile, qui ne peut résister aux défis du temps. Ce récit est celui des renégats Camerounais, des collaborateurs et des traîtres—ceux qui ont trahi le Cameroun et trahissent encore aujourd'hui le pays. En résumé, ce sont les pilleurs et les mercenaires qui constituent l'actuel establishment politique Camerounais composé du régime actuel de Biya et de la soi-disant opposition (le SDF de John Fru Ndi, l' UDC de Ndam Njoya, l'UNDP de Bello Boua et l'actuel UPC qui est une version zombifiée de l'UPC historique d'Um Nyobe, de Félix Moumie, d'Ernest Ouandie, d'Albert Kingue et de Ndeh Ntumazah). Ce sont les anti-union-nationalistes, les pseudo-intellectuels et les Francophiles qui ne voient leur intérêt garanti que dans une situation où le système régressif est maintenu.

Le deuxième récit est celui de ceux qui n'ont pas voulu la réunification ou de ceux qui auraient préféré la (les) alternative (s) au plébiscite—c'est-a-dire la réunification de Cameroun Méridional Britannique (Cameroun Britannique du Sud—*British Southern Cameroons*) avec le Nigeria ou l'indépendance du Cameroun Britannique. Puisque deux et non trois options ont été présentées lors du référendum ou du plébiscite, l'explication la plus logique est que les propagateurs du deuxième récit représentent ceux qui auraient préféré l'unification avec le Nigeria.

Ce qui est absent ou moins parlé, c'est le récit serein—le récit historique de ceux qui ont rejeté le plan de match machiavélique des Britanniques et des Français; le récit de ceux qui ont demandé la réunification et l'indépendance du Cameroun Britannique et du Cameroun Français, les territoires qui ont émergé de la partition de l'ancien Kamerun Allemand. Nous parlons ici du récit de ceux qui ont combattu, sont morts, ont fait campagne et ont voté pour réaliser la réunification et l'indépendance du Cameroun Français et du Cameroun Méridional Britannique à ce qui était connu à l'époque de sa réalisation(!961-1972) en tant que République Fédérale du Cameroun). Ce qui manque, c'est la voix de la majorité des Camerounais—une majorité à l'ouest du fleuve Mungo et une majorité à l'est du fleuve Mungo. Cette majorité générale constituant les union-nationalistes Camerounais est l'avenir chéri du Cameroun, les piliers sur lesquels sera construit le Cameroun Nouveau.

Le récit de cette majorité résiliente des union-nationalistes est se noyé par les deux groupes susmentionnés qui n'ont pas l'intérêt collectif du Cameroun et des Camerounais dans l'âme. Dans quelle mesure les deux voix rétrogrades vont à l'encontre des principes fondamentaux de l'humanitarisme et de l'humanité dans les différents tons que les deux voix possèdent à l'intérieur, il nous appartient à tous de juger. Nous voyons chaque jour le révisionnisme, la déformation des faits, etc., comme s'il n'y avait pas de personnes objectives dans ces deux groupes.

Curieusement, les deux camps s'alimentent les uns les autres. C'est une relation presque symbiotique. Nous voyons que la mauvaise foi du système maléfique imposé par la France actuellement sous Paul Biya, un Camerounais Francophile qui est aussi auto-haïr, se manifeste comme la pire forme de mépris envers les Camerounais. L'engagement inébranlable du régime fantoche Français de Paul Biya pour mettre en œuvre au Cameroun le plan de la mafia Francafrique, notamment à l'ouest du fleuve Mungo, dynamise les Anglophiles et les Francophobes à l'ouest du fleuve Mungo qui n'ont jamais pardonné à leurs compatriotes de réaliser la réunification.

Les deux groupes réservent leurs mots les plus durs aux union-nationalistes qui n'ont jamais été autorisés à réaliser leur programme progressiste pour le Cameroun et l'Afrique, comme si les membres de la force union-nationaliste guillotinée étaient des schnooks qui se tiraient une balle dans la tête (c'est-a-dire pendant l'époque de l'UPC/KNDP/OK—1948-1966 ou le SDF de 1990-1997, mouvements dont les agendas étaient basés sur notre union-nationalisme).

L'article de 1994 QUI SONT LES ENNEMIS DU PEUPLE ET COMMENT ILS COMBATTENT CONTRE LE CHANGEMENT: fournit un aperçu.

Alors que les Francophiles sont responsables de la défaite de l'union-nationalisme Camerounais à l'époque de l'UPC/KNDP/OK—1948-1966, les Anglophiles et les Francophobes ont collabore consciemment ou inconsciemment avec eux pour faire dévier le SDF historique de 1990-1997 de sa voie de la réalisation du Cameroun Nouveau. Les Anglophiles étaient le facteur le plus important qui a fait du SDF le canard boiteux qu'il est aujourd'hui. Et aujourd'hui, les Anglophiles dominent le SDF.

Ce dont le Cameroun Nouveau a besoin, c'est le récit de la majorité qui se cache derrière la bannière de l'union-nationalisme Camerounais. Ce que cette majorité étouffée des Camerounais qui ont défendu la gloire, de ceux qui ont combattu, de ceux qui ont fait campagne, de ceux qui ont voté et qui est mort pour la réunification et l'indépendance faut faire, c'est de prendre l'initiative de ces deux forces vocales mais arriérées, de ces deux groupes minoritaires.

Ce dont le Cameroun Nouveau a besoin, c'est la véritable histoire du Cameroun qui atténue les actions retardatrices du système maléfique imposé par la France sous les régimes Ahidjo/Biya ou sous l'un de leurs successeurs. Je le dis parce que le moment où les union-nationalistes confineront le système anachronique dans la poubelle d'histoire, la bonne volonté Camerounaise sera au centre et nous serons capables de nous asseoir et de résoudre toutes nos différences. Cela ferait taire les voix des Francophiles et des Anglophiles.

12 Février 2013   *Janvier*
Tchouteu

Chapitre Quatre

Le Cœur Hanté de l'Afrique

Un spectre se profile dans la vie de tous les enfants Camerounais—les homme ou les femme. C'est le président qui vit dans le pays au milieu de l'Afrique, la terre qui est souvent décrit comme le microcosme du continent. Le spectre, c'est président Paul Biya du Cameroun. Lorsque des rumeurs se répandent comme une traînée de poudre en Juin 2004 qu'il venait de mourir, il y avait des scènes de liesse répandues dans tout le demi-million de kilomètres carrés du territoire appelée Le Cameroun. Quelques jours après, il est rentré de l'étranger où il avait passé par intermittence environ six mois chaque année depuis plus de deux décennies, et il a ensuite déclaré aux sycophantes attendant de le recevoir à l'aéroport qu'il y aurait un... "Rendez-vous dans 20 ans avec ceux qui me veulent mort..."

Les Camerounais ne sont pas les seuls qui lui ont mécru lorsqu'il a fait cette déclaration, entre autres choses. Beaucoup de ceux qui suivent les développements politiques dans le monde en général et en Afrique et au Cameroun en particulier, étaient étonnés de son audace. Après tout, plus de 80% de la population Camerounaise détestait son règne; il était déjà au pouvoir depuis plus de deux décennies comme le chef de l'État, après avoir été Premier Ministre du pays (1972-1982), ou comme la deuxième personne la plus puissante dans le système mis en place par la marionnettiste (La France). Mais Paul Biya a prouvé que tout le monde n'était pas correct de leur avis de lui. Il réalisera une autre mascarade électorale et se déclara vainqueur des élections présidentielles en Octobre de 2004, et puis il a modifié la constitution du Cameroun en 2008, pour lui permettrait de briguer a deux autres mandats présidentiels de 7 ans (malgré la mort de 150 Camerounais—qui ont proteste et qui ont été tuer, une tragédie causée par ses forces des armes), ce qui signifie qu'il pourrait être président jusqu'à l'année 2025 (un record de 43 années au pouvoir) quand il serait âgé de 92 ans. Au moment que Biya a tenu une autre mascarade appelée élection présidentielle en Octobre 2011, il avait déjà humilié avec succès les chefs de l'opposition qui sont reconnus au niveau international (les soi-disant leaders de l'opposition sont tous les anciens membres du parti unique du pays de 1972 à 1990, une partie que Paul Biya a dirigé depuis 1984), a promis de leur donner des positions dans son gouvernement, et il a fait savoir en termes clairs que le système et le marionnettiste (France) ne permettraient jamais un changement politique au Cameroun.

Le vieux de 81 ans, Paul Biya, est diversement décrite comme le Maradona (il simule et remporte les élections, tout comme Maradona a truqué et a marqué un but avec sa "Main de Dieu ") de la politique Camerounais et Africains, le maître de la parricide présidentielle (il dévorait son prédécesseur qui a remis le pouvoir à lui— menant a l'exile du premier président Camerounais Ahmadou Ahidjo, le conduisant à sa mort et son enterrement à l'étranger (le Sénégal), le président absent, le président vindicatif, le président mal, etcetera, etcetera.

Pendant son histoire comme une colonie Allemande depuis 1884-1916, le Kamerun a été considéré comme une « Perle d'Afrique » pour son économie robuste et le taux d'alphabétisation le plus élevé dans le continent. Malgré la période d'instabilité au cours de la guerre de libération qui a pris fin quand les maîtres de tutelle (la France)ont remet le pouvoir à ceux qui n'ont jamais demandé et n'ont jamais se sont battus pour le pouvoir (les marionnettes qui constituent le système impose sur le Cameroun, malgré la récupération de son agriculture et la découverte du pétrole dans les années 1970 qui a aidé le Cameroun à émerger comme le huitième plus grande économie de l'Afrique et la deuxième en croissance la plus rapide du monde au début des années 1980, le Cameroun est aujourd'hui dans une forme horrible. Les économistes s'attendaient l'économie Camerounais à croître vingt fois au cours des trente prochaines années, mais l'économie n'a pas réussi à doubler. Tout a changé après Paul Biya a été remis le pouvoir en Novembre 1982 par le premier président Français installé Ahmadou Ahidjo. Depuis lors, le Cameroun a connu le plus grand détournement des fonds publics (proportionnellement) à un rythme qui n'a jamais été vu en Afrique. En fait, le Cameroun de Paul Biya détient le record en tant que le pays en Afrique qui a connu le pire appauvrissement en temps de paix depuis 1960.

Aujourd'hui, Paul Biya est à la tête d'un pays où plus de 80% de ses médecins sont à l'étranger, où plus de 90 % de ses titulaires de doctorat sont à l'étranger, où les Camerounais investissent à l'étranger plus que chez lui, où les Camerounais votent contre le système avec leurs pieds; aujourd'hui, les voisins du Cameroun qui, auparavant, enviaient le pays en raison de ses niveaux de vie élevés et donc ont considéré le Cameroun comme un lieu de refuge et de possibilités, trouveraient maintenant que les Camerounais les envieraient car ils vont de l'avant avec un sens de l'orientation alors que le Cameroun est en retard dans sa spirale vers une déclin économique, sociale et politique qui est totale, complète et terrible.

Les gens qui sont peu familières avec la situation Camerounaise se demanderont pourquoi une telle situation catastrophique persiste au Cameroun. Eh bien; la réponse est simple. Le Cameroun se trouve aujourd'hui dans une situation comme quelqu'un dans un sable mouvant en raison du système anachronique mis en place par la France Gaulliste lorsque le général Charles De Gaulle est revenu au pouvoir en 1958 et a décidé de transformer les anciennes colonies et territoires de la France en membres de l'Organisation des Nations Unies (ONU de la France), tout dans le but de contrôler ces terres avec des cordes transparentes ou invisibles cette fois-ci. Le Cameroun Français et le Cameroun Britanniques du Sud ont apparemment obtenu leur indépendance et la réunification, mais les gens ont trouvé que le nouveau pays est quasi-indépendant sous un modèle Français de contrôle diversement décrite comme la FrançAfrique. Le système a traumatisé, démoralisé, divisé et déshumanisé le peuple Camerounais au fil des ans.

Le système Gaulliste en place au Cameroun a été mis par les architectes de la politique Française en Afrique pour exclure les nationalistes qui militent pour la réunification et l'indépendance des territoires divisés de l'ex-Kamerun Allemand, du pouvoir politique. Donc, les union-nationalistes qui commandaient le soutien de plus de 80% de la population des deux territoires des anciens Cameroun Français et les Cameroun Britanniques ont été mis sur la touche dans la pose de la fondation du Cameroun. C'est pourquoi le système est un partenariat d'intérêt impérial Français en Afrique (économique et politique) autrement connu comme la FrancAfrique et ses collaborateurs Camerounais (les renégats et les antinationalistes qui n'ont jamais été opposé et qui n'ont jamais remis en question mainmise néocoloniale du Cameroun par la France).

Le système a été efficace en infectant les esprits de beaucoup de Camerounais; le système à réduire les Camerounais à un état de désespoir et les attire de diriger leur énergie non pas au régime Biya et le système, mais à leurs voisins. Le système a élevé avec succès la corruption et la stratégie de "diviser pour régner" en un art—le system a promu la notion de colons et indigènes; le system a encouragé l'ethnocentrisme, le tribalisme, le clanisme, le chauvinisme régional, le sectarisme et d'autres formes de division. Nous voyons une absence totale et complète de la planification stratégique ou même tactique quand il s'agit de développement économique et social de la nation. Nous voyons une absence totale de solidarité sociale.

Pour aggraver la division et la confusion parmi les gens qui rejettent le régime de Paul Biya et le système imposé par la France , les soi-disant leaders de l'opposition que les Camerounais qui aiment la liberté avaient regardé comme leurs saveurs, ont été absorbée dans le système, laissant ainsi le peuple Camerounais en difficulté afin qu'ils se méfient des politiciens maintenant. Nous voyons aujourd'hui que le RDPC / le régime de Biya et la soi-disant opposition sont les deux faces d'une même pièce (le système que la France a imposé au Cameroun autrement appelé l'establishment politique Camerounais). En ce moment, les Camerounais piétinés sont dans un état de léthargie politique.

Lorsque Paul Biya a fait un appel pour la tenue d'élections sénatoriales en Avril 2013, dix-huit ans après son parlement a promulgué une loi pour créer le sénat; la plupart des Camerounais pensé que ce serait une autre mascarade, comme d'habitude. Il n'y avait aucune raison pour que les soi-disant partis de l'opposition avec un semblant de représentation au parlement pour glorifier la mascarade avec leur participation. La plupart des Camerounais connaissaient que le système soutenait financièrement ces soi-disant dirigeants de l'opposition et que certains d'entre eux étaient dans le gouvernement, mais les Camerounais n'ont pas été préparés pour la mesure dans laquelle ces politiciens étaient prêts à aller à insulter leur intelligence. Mais des accords entre le parti au pouvoir et l'opposition ont été faits. La mascarade électorale a eu lieu et les gens ont vu le parti au pouvoir campagne pour le soi-disant parti d'opposition principal Front Social Démocrate

(*Social Democratic Front---SDF*) dans certaines régions du pays, tandis que le SDF dans les mots de son président John Fru Ndi "... un service en vaut un autre ... ", a ouvertement soutenu le parti au pouvoir, assurant ainsi sa victoire dans d'autres régions du pays.

Comment cela pourrait-il pu se produire?

Les Camerounaises, un peuple, qui ont été choqués politiquement se demandent depuis la fornication ouverte entre le parti au pouvoir et les soi-disant partis politiques de l'opposition en Avril 2013.

Pour éviter le chaos et pour assurer que le pays va avoir un successeur de Paul Biya dans une manière lisse ou douce, les porte-paroles et les apologistes sans scrupule du leader du SDF murmurent discrètement. Paul Biya a fait un accord avec le SDF de remettre le pouvoir à un de ses membres, des voix anonymes au sein du SDF font écho.

Si vous me demandez, ma réponse est claire. Ce qui devait être une révolution Camerounaise qui a commencé le 26 Mai 1990, est devenu une comédie politique jouée par les anciens membres du système, une comédie politique qui a complété le cercle. Le vent du changement généré par les politiques de Glasnost et de perestroïka de Mikhaïl Gorbatchev qui ont emporté les régimes autoritaires en Europe de l'Est et en Afrique, et qui ont agité la grande majorité des Camerounais dans les années 1990 pour qu'ils aient risqué leur vie dans les rues pour exiger un changement politique, a été effectivement contrôlé par le système. Le désir de changement que plus de 80% des Camerounais avaient, a été détourné par le système autoritaire au Cameroun et les soi-disant dirigeants de l'opposition. Les différents peuples Camerounais ont été pris pour un tour.

La plus grosse erreur commise par les Camerounais, c'est que quand la clameur de changement a commencé, ils ont suivi les Camerounais qui n'avaient pas eu la légitimité politique comme les dissidents ou comme les gens qui étaient contre le système. Les peuple Camerounais ont suivi les gens qui à peine un an avant, étaient dans les échelons supérieurs du pouvoir dans le système, mais qui à l'époque ont affirmé qu'ils avaient quitté le parti au pouvoir et que maintenant ils opposent le système. Tous les soi-disant chefs de ce que le monde sait aujourd'hui comme les partis d'opposition proéminent au Cameroun (John Fru Ndi du SDF, Bello Bouba Maïgari de l'UNDP, Ndam Njoya de l'UDC, etc.) étaient membres du parti au pouvoir jusqu'à l'année 1990, lorsque le système a été contraint d'accepter le multipartisme au Cameroun. Comme le joueur de flûte, ces soi-disant dirigeants de l'opposition au Cameroun ont attirés les peuple Camerounais vers la léthargie politique et vers le découragement. Un tel exploit a été réalisé parce que les Camerounais libéraux, les -nationalistes, les révolutionnaires, les démocrates et les patriotes qui avaient toujours rejeté le système, pensaient que ces soi-disant chefs de la nouvelle opposition, ces gens qui ont été les premiers à faire les mouvements de créer des partis politiques, partagé la vision du «Cameroun Nouveau " que les Camerounais se sont battus, sont morts et ont voté pour, une vision qui a réalisé la réunification et l'indépendance de la plupart de l'ancien Kamerun Allemande (une indépendance qui n'a jamais été réel car il s'est usurpé par le système mal qui est aujourd'hui sous la direction de Paul Biya et ses marionnettistes Français). Malgré le revers, cette vision réalisera la démocratie, la liberté, le libéralisme, le progrès, la justice, l'égalité et le développement.

Fausses sont les déclarations des membres de l'opposition compromisé que si ils n'avaient pas ouvertement embrassé le régime de Paul Biya et le système, ce serait le chaos au Cameroun au cas où Biya quitté la scène politique. La déclaration est fausse parce que le système au Cameroun est autoritaire, pas autocratique.

Les régimes autoritaires sont généralement recouverts avec une idée sublime qui pourrait être politique (comme Stalinisme/Marxisme/Communisme, fascisme etc.) ou qui pourrait être religieux (comme la théocratie Iranien et la règne de Taliban théocratie etc.) ou qui pourrait être un arrangement pour sauvegarder un intérêt (FrancAfrique). Au Cameroun, le système est construit autour de la prévention de ceux qui croient en la lutte Camerounais (les union-nationalistes, autrement dit les Kamerunistes) d'atteindre le pouvoir. Le système au Cameroun est une collection de groupes d'intérêts particuliers, qui unissent les propagateurs de néo-colonialisme Français et leurs collaborateurs Camerounaises. Paul Biya est à la tête des collaborationnistes. Et à bien des égards, il a agi au fil des ans comme un président absent. Pendant ce temps, l'état a fonctionné d'une manière d'un zombie pendant sa quasi-présence. Bien que l'agencement mortifiant convient les intérêts des marionnettistes et des bénéficiaires du système, l'arrangement a exposé le système à des soulèvements populaires parce que, ça signifie que les bénéficiaires du système ne sont pas clairement ou fonctionnellement organisé. Avec l'avènement des médias sociaux, la mondialisation, la maturité des générations post-indépendance qui n'a jamais bénéficié du système; et avec les soldats de la phase de la lutte des années 1990 qui se dissocient des dirigeants de la soi-disant opposition, le système autoritaire se trouve aujourd'hui encore plus vulnérables. Le système autoritaire serait confronté par une nouvelle force politique qui ne s'est jamais associé au système, une nouvelle force politique qui incarne l'esprit du vingtième siècle de la lutte pour "DIE NEUARTIG KAMERUN" ou "LE Cameroun NOUVEAU" qui a confronté le contrôle colonial d'Allemand pendant les premières années du siècle dernier, une lutte qui a confronte la duplicité Française dans le pays dans une guerre qui a décimé plus de la moitié d'un million des citoyens Camerounais; le système autoritaire serait confronté par une nouvelle force qui embrasse l'héritage de ceux qui ont combattu et ont voté pour l'indépendance et la réunification du Cameroun. Cette nouvelle force rejette toutes les valeurs du système que la France a mit en place pour contrôler le destin de Cameroun, un système vieux et mal de six décennies, qui ne peut que mener le pays en abîme.

Maintenant que les collaborateurs ouverts et cachés du

système s'embrassent ouvertement (le parti au pouvoir et les soi-disant chefs des partis dits d'opposition) à partir de la récente mascarade sénatoriale, le système encourage la création de groupes d'élite de bénéficiaires qui voient ou pensent que leur survie politique et économique repose seulement sur la continuation ou la subsistance du système. Nous observons le développement d'un système capable qui supprime toute prétention du pluralisme politique limité; nous observons l'enracinement d'un système qui considère ouvertement les peuples Camerounais comme son ennemi numéro un. Un tel système devient alors autocratique.

En un mot, les soi-disant partis politiques d'opposition du Cameroun qui sont en symbiose avec le système autoritaire sont complices du système impose par la France sur les peuples Camerounaises, dans sa transition progressive vers un système autocratique, assurant ainsi sa survie sous une forme morphée. Ce système qui change rapidement à besoin d'un homme fort pour être vraiment autocratique. Ce serait quelqu'un qui a les mains sur le travail d'agir en tant que président, quelqu'un que les marionnettistes Françaises souhaitent présenter comme le despote bienveillant.

C'est la responsabilité de Camerounais des générations des 'après-indépendance' à rejeter quelle que soit la farce que le système présentera comme le changement n'importe quand le pouvoir de l'Etat passera à la génération d'après Paul Biya. En absorbant les anciens membres de son parti qui, depuis des décennies, se sont identifiées avec l'opposition, Paul Biya tente de donner aux peuples Camerounais et le reste du monde l'impression que l'opposition du Cameroun est en harmonie avec sa vision de l'évolution politique nécessaire pour le Cameroun. Malheureusement, le système n'a pas l'intention de laisser la majorité des Camerounais pour participer ou d'avoir un mot à dire sur l'évolution politique du Cameroun.

Le Cameroun Nouveau sera fondé. Pas par les bénéficiaires du système (passé et présent), mais par ceux qui ont toujours rejeté la mafia politique Camerounais comme un mauvais système imposé par la France qui a été conduit Cameroun en abîme.

Mais alors, à la fondation du Cameroun Nouveau, les Camerounais patriotique, impartial, honnêtes, progressistes et démocratiques, auraient à réconcilier un pays où:

- Le système impose par la France a fait en sorte que la plupart de ses figures historiques qui ont consacré leur vie et qui sont même morts pour la cause de la réunification et l'indépendance du Cameroun ont été tués et enterrés comme des chiens,

- Les corps de certains de ces personnages historiques qui se sont enterrés à l'étranger sont absents,

- Quelques-uns des personnages historiques qui ont pensé qu'ils pourraient contribuer à la consolidation de la nation ont été mis à l'écart, intimidé et humilié par le système,

- Son premier chef d'État est mort et est enterré à l'étranger,

- Et où les gens ont été insultés pendant plus de cinq décennies par les régimes d'Ahmadou Ahidjo et de Paul Biya en utilisant un système imposé par la

France , un système rejeté par la grande majorité des Camerounais, un système qui a semé les graines de la division, de la corruption, de la médiocrité, de la peur et du découragement qui hantent le Cameroun aujourd'hui.

Les idéaux du Cameroun Nouveau qui ont été ourdi par les nationalistes historiques du pays et au fil des ans par les Kamerunistes (les union-nationalistes) post- indépendance sont la seule chance ou espoir pour l'avenir du Cameroun. Le Cameroun Nouveau est le seul noyau autour duquel le Cameroun peut se réconcilier avec son passé turbulent; c'est le noyau que toutes les couches de la société Camerounaise peuvent se connecter dans le processus de construction de la nation; c'est le seul noyau autour duquel un Cameroun libre, démocratique, libérale, juste et prospère peut-être construit. Le Cameroun Nouveau conduirait le pays à prendre sa place méritée dans la région de l'Afrique Centrale, l'Afrique dans son ensemble et le monde en général. Cela ne serait possible que si nous limitons l'héritage des régimes d'Ahmadou Ahidjo et de Paul Biya qui incarnent le système suffocant que la France a imposé au Cameroun. Pour réaliser ce but, on doit jeter le système à la poubelle de l'histoire.

Janvier Tchouteu   *06/04/2013*

Chapitre Cinq

Ceux qui Rejettent le Système Imposé par la France—l'Etat Mafieux/Policier au Cameroun sous Paul Biya—et Brûlent le Drapeau de Cameroun.

Les bruleurs de drapeau provoquent un soupir ou au pire, un mot de désapprobation mais pas de rancune de ma part. Malgré tout, les Camerounais qui ont brûlé les drapeaux ont mal orienté leurs sentiments de frustration, de colère ou de déception face à un gouvernement, un système ou un establishment politique qui saigne le Cameroun, le sapant de son énergie créative et dynamique et l'entraînant dans un abîme que je ne veux même pas imaginer.

C'est naturel que ceux qui ont un amour indéfectible pour le Cameroun soient horrifiés par la mise en feu du drapeau, mais ceux qui ont le cœur et la tête pour le Cameroun devraient surmonter leur choc et diriger leur horreur sur les facteurs qui ont déclenché l'acte de brûler le drapeau, les facteurs, avant tout, qui est le système imposé par la France, un establishment politique diabolique dirigé par ceux qui ont hérité du pouvoir ou sont les successeurs de ceux qui ont hérité du pouvoir de la France en 1960, des gens qui n'ont joué aucun rôle patriotique et nationaliste, même comme des modérés ou des radicaux, dans la lutte

Camerounaise centenaire pour fonder le « Cameroun Nouveau», une entreprise héroïque qui a abouti à la réunification du Cameroun Méridional Britannique (British Southern Cameroons) et de l'ancien Cameroun Français, un exploit historique réalisé par les votes patriotiques du peuple de l'ouest de la Rivière Mungo et le sang et la sueur des patriotes Camerounais de l'est de la Rivière Mungo qui sont morts dans leurs centaines de milliers pour l'indépendance et la réunification.

L'incendie du drapeaux du Cameroun est inacceptable, mais que cela nous plaise ou non, c'est l'expression des sentiments de ceux qui rejettent l'Etat policier que la France et les usurpateurs qu'elle a mis au pouvoir au Cameroun ont créés pour imposer leur domination, un état policier que plus de 95% des Camerounais rejettent, un état policier qui a décimé le leadership des forces patriotiques Camerounaises pendant des décennies, a créé une culture de la peur et des doubles discours, a déclenché un fuite des cerveaux, a réprimé notre créativité et notre dynamisme, a semé les graines de l'indifférence, et a engendré une culture de corruption, de méfiance, de division, d'ignorance et d'incompréhension.

Aujourd'hui, cet Etat policier, cet establishment politique du parti au pouvoir RDPC et la soi-disant opposition Camerounaise—SDF de Fru Ndi, UNDP de Bello Bouba, UDC de Ndam Njoya etc (deux faces de la même pièce dans une mascarade pour soutenir le système imposé par la France) a soutenu une kleptocratie, un establishment politique mafieux qui est le pire affront à tous les patriotes Camerounais, car il pousse le peuple

Camerounais dans des actes que beaucoup de gens considèrent comme irrationnels.

Est-ce que je me méfie moins des bruleurs des drapeaux que des gens de l'establishment politique, qui ne sont pas seulement sucer le Cameroun au sec mais qui ont également rendu et continuent a rendre le pays dans les bras des forces qui n'ont rien de bon pour le Cameroun?

Oui.

Le système peut être démantelé avant la fin de la décennie. Les choses que les peuples du Cameroun ont besoin sont la coopération entre les forces anti-système, un embrassement et une diffusion de l'idée nationale, un incessant instillation de discipline dans les rangs des avant-gardes / défenseurs du changement etc. etc ...

Nous devrions être capables d'identifier les ennemis du peuple Camerounais maintenant. Ils ne sont pas des tribus particulière, des groupes ethnique, des religions, des régions etc ... Ils sont des minorités parmi nous (dans nos familles, amis, groupes ethniques, régions, provinces, religions) . Et à moins que nous refusions et nous préparions mentalement à les affronter, nous ne libérerions jamais notre terre (les villages, villes, provinces, régions, pays, etc.).

Qui sont précisément ces ennemis du peuple Camerounais?

Les travaux de 1994/1995—"QUI SONT LES

ENNEMIS DU PEUPLE ET COMMENT ILS LUTTENT CONTRE LE CHANGEMENT:" et "COMMENT LES CAMEROONIENS SONT-ILS ENGAGÉS DANS LA LUTTE POUR CHANGER LE SYSTÈME IMPOSÉ PAR LA FRANCE ET LA DICTATURE DE PAUL BIYA" fournissent un aperçu.

Janvier Tchouteu   *16 Août 2017*

Chapitre Six

Le Problème Minoritaire Numéro 1 du Cameroun

Indépendamment de la manière dont le problème inéluctable du Cameroun est présenté par ses défenseurs, indépendamment à qui ces défenseurs dirigent leur feu, indépendamment à quel point certains défenseurs d'une solution du problème inévitable sont honorables ou déshonorants, indépendamment de ce que la cause (difficile à définir) promet à sa réalisation, la vérité est que le problème de minorité numéro un au Cameroun est la situation difficile des peuples à l'ouest de la Rivière Mungo (sud-ouest Kamerun Allemand, l'ancien Cameroun Méridional Britannique, Cameroun de L'Ouest, les provinces du Nord-Ouest et du Sud-Ouest, ou ce qui est aujourd'hui les régions du Nord-Ouest et du Sud-Ouest). Le problème a été causé par la mauvaise volonté ou la mauvaise foi du système maléfique imposé par la France (les régimes Ahidjo/Biya composé des Camerounais qui ne soutenaient pas la cause de réunification et d'indépendance), exacerbés par la docilité et l'incompréhension des Camerounais après leur défaite par le système maléfique; mais le problème serait résolu par les Camerounais des deux côtés du fleuve Mungo qui travaillent ensemble pour se débarrasser de notre cauchemar vivant (le régime de Biya et le système diabolique impose par la France qui est géré par des Camerounais qui sont les usurpateurs et les mercenaires des intérêts étranger).

Aucune entité linguistique (Francophones ou Anglophones, ou les différents groupes ethniques) n'est responsable du sort déprimant des peuples à l'ouest du fleuve Mungo. Le système minoritaire qu'est mal, et que la France a imposé au Cameroun et aux Camerounais; un système qui est rejeté par chaque groupe ethnique, par chaque province (région) et par chaque religion au Cameroun; un système dirigé aujourd'hui par Paul Biya en collaboration avec des criminels de tous les groupes ethniques, de toutes les provinces, de toutes les entités linguistiques et de toutes les religions; est ce qui étouffe les peuples à l'ouest de la Rivière Mungo en particulier et le reste des Camerounais en général.

C'est sur ces paramètres que nous, les Camerounais qui veulent démanteler le système anachronique imposé par la France, pouvons fonder le "CAMEROUN NOUVEAU" où tous les griefs de ses divers peuples peuvent être redressés. Nous pouvons seulement réaliser ca qu'en fermant nos rangs en tant que des victimes d'un système diabolique que nous n'avons jamais opté pour.

Samedi 11 Juin 2016   *Janvier Tchouteu*

Chapitre Sept

Quelle est l'Identité Camerounaise Anglophone?

Après avoir regardé un débat avec le redoutable journaliste Camerounais Franklin Sone Bayen et Joshua Osih (le vice-président du Front social-démocrate), avec les deux confrontés par un certain nombre de panélistes Camerounais Francophones, je ne pouvais pas m'empêcher de sortir découragés par un fait fondamental - Ces patriotes Camerounais, qui sont des nationalistes-civique Camerounais (Union-Nationalistes) de la partie Anglophone du Cameroun et qui déplorent la gestion du système anachronique que la France a impose sur le Cameroun en 1960, notamment le traitement par le système des terres et des populations à l'ouest du fleuve Mungo (les régions des Nord-Ouest et Sud-Ouest ou Le Cameroun de l'Ouest auparavant, ou le Territoire sous tutelle le Cameroun Méridional Britannique—British Southern Cameroons, et ce qui était plus loin le Sud-ouest du Kamerun Allemand), ne pouvaient apparemment pas être compris dans leur brillante présentation du problème des Camerounais Anglophones.

Et ce qui était encore plus décourageant, c'est le fait que

la plupart de leurs homologues savants ont été si souvent déconcertés et ont même manqué le point du débat sur les griefs des Camerounais à l'ouest de la Rivière Mungo.

Le CAMEROUN NOUVEAU serait capable de résoudre les problèmes fondamentaux du Cameroun, c'est certain, les problèmes fondamentaux dont le problème de la partie Anglophone du Cameroun est le Numéro 1.

Mais alors, quelle est l'identité Camerounaise Anglophone que les autres panélistes n'ont pas réussi à comprendre?

En un mot, ce qui unit les Camerounais Anglophones est une sorte d'identité nationale, un sentiment d'appartenance à l'entité géopolitique que sont les régions du Sud-Ouest et du Nord-Ouest du Cameroun (ancien Cameroun Britannique méridional et ancien Cameroun occidental) , un sentiment particulier qui est né du partage d'une histoire commune, d'un langage commun (Pidgin Anglais / Anglais), d'une culture unique / similaire et d'un sentiment de marginalisation. Ce sentiment d'appartenance, aussi subjectif que cela puisse paraître, est nourri par les Camerounais Anglophones fondés sur leurs liens ancestraux avec la région, ou leurs liens natifs là-bas(nés dans le Nord-Ouest et le Sud-Ouest), et/ou en grandissant de un jeune âge, ignorant ou à peine / avec difficulté conscient de toute autre identité. Une personne née et élevée à Banganté, Yaoundé, Douala, Mbouda, Edéa, Banyo et dans d'autres villes de l'ex-Cameroun oriental (région Francophone) et qui étudie dans ces lieux en

Anglais ne développera peut-être pas cette conscience Camerounaise Anglophone ou sentiment d'appartenance. Cette identité Camerounaise Anglophone n'empêche pas une personne d'être un Union-Nationaliste Camerounaise (nationalistes-civiques Camerounais). En effet, la plupart des Camerounais Anglophones et la plupart des Camerounais Francophones sont des Union-nationalistes, contrairement aux pseudo-nationalistes qui composent l'establishment politique (les élites du RDPC et les élites des soi-disant partis de l'opposition—SDF, UNDP, UDC etc.) au Cameroun aujourd'hui, le régime imposé par la France remué hier par le régime Ahidjo et aujourd'hui par le régime de Biya; un système qui a des collaborateurs de toutes les religions, groupes ethniques ou tribus, régions du pays. Et en fait, les Camerounais Anglophones qui veulent un état séparé pour les terres à l'ouest de la rivière Mungo sont une minorité.

Les Camerounais ne devraient pas être alarmés par les manifestants dans les rues de Buea, de Bamenda et d'autres villes des régions du Nord-Ouest et du Sud-Ouest. Ce sont les voix infatigable des Camerounais patriotes qui rejettent le système imposé par la France, le régime de Biya et leur perception des Camerounais comme un peuple qui ne peut pas se libérer de la tyrannie. Les Camerounais des autres parties du pays devraient faire écho à cette voix de protestation et ressusciter la cause honorable pour fonder le "CAMEROUN NOUVEAU". Les Camerounais devraient tous s'unir indépendamment de la religion, de l'ethnie, de la tribu, de la région et d'autres intérêts spéciaux, puis avancer et démanteler ce système une fois pour toutes, afin que nous puissions commencer la tâche ardue de construire le pays que nos ancêtres se sont battus et sont morts pour, et pour lesquels ils ont voté, dans la lutte pour l'indépendance et la réunification. Nous avons l'opportunité de construire le Cameroun Idéal qui a rempli les rêves de Martin Paul Samba, de Rudolf Manga Bell, de Ruben Um Nyobé, de Félix-Roland Moumié, d'Osendé Afana, d'Albert Kingué, d'Ernest Ouandié, d'EML Endeley, de Ndeh Ntumazah etc. Ce serait une nation inclusive qui serait la lumière de l'Afrique, au lieu du mouton noir que le Cameroun sous Paul Biya et le système anachronique imposé par la France, est aujourd'hui.

Mercredi 30 Novembre 2016   *Janvier Tchouteu*

Chapitre Huit

La Résolution des Griefs de la Partie Anglophone du Cameroun, et la Fondation du "Cameroun Nouveau"

La désillusion, la frustration et la colère des peuples de l'Ouest de la Rivière Mungo (les anciens Camerounaises Britanniques du Sud de 1922-1961, les anciens Camerounaises Occidental de 1961-1972) —les natifs et ou les indigènes (les autochtones), en raison des mauvais traitement qu'ils ont reçu des mains du système usurpatrice (l'établissement), un système qui ne reflète pas le gouvernement postindépendance que leurs ancêtres avaient à l'esprit quand ils ont voté pour l'indépendance et le (ré)unification en Février 11, 1961 avec l'ancien Cameroun Français (qui est devenu la République du Cameroun—la République du Cameroun le Janvier 01, 1960), est réelle, ne devrait pas être prise à la légère et devrait être abordée d'une manière sérieuse. Le régime de Paul Biya, comme son prédécesseur, le régime de Ahidjo, et le système qui était imposé au Cameroun par la France-néocolonialiste, ont dans ses ensemble perdu tout sens de la pertinence pour leur mauvaise gestion du projet du réunification et de l'indépendance, un résultat qui est à peine surprenant venant des gens qui ne se sont jamais battus pour, qui n'ont jamais campagne pour, et qui n'ont jamais soutenu la réunification et l'indépendance des terres de l'ancien Kamerun Allemand (les Cameroun Britanniques et le Cameroun Française).

Chaque occasion d'atténuer ou de résoudre les griefs des Camerounais Anglophones de l'Ouest de la Rivière Mungo devrait être saisie, même si les nationalistes-civiques du Cameroun (les Union-Nationalistes qui honorent nos ancêtres qui ont combattu, qui sont morts et qui ont voté pour la réunification et l'indépendance des terres de l'ancien Kamerun Allemand, estiment qu'une résolution optimale du problème Anglophone serait réalisé sous un "Cameroun Nouveau" où le système anachronique, que la France a imposé au Cameroun, a été complètement démantelé et où les objectifs initiaux de la réunification et l'indépendance seraient les pierres angulaire de la construction d'un Cameroun qui est progressif, libéral, libre, démocratique, juste et prospère.

Cependant, comme nous mis nos vues sur cette solutions optimales ou partielles, alors même que nous dénonçons l'établissement Français imposé au Cameroun, un établissement qui est composé des marionnettes Français et leurs collaborateurs issus de toutes les régions, toutes les groupes ethnique, toutes les religions, et des deux entités linguistiques; alors même que nous nous opposons à cet établissement dirigé et dominé au Cameroun par des groupes favorisée par la France néocolonialiste, nous devons toujours garder à l'esprit le fait que l'établissement est rejeté par la grande majorité des Camerounaises dans toutes les régions, les groupes ethniques, les religions et les entités linguistiques dans le pays. De cette façon, la lutte pour rétablir les droits du peuple de l'ancien Cameroun Occidental ne devient pas un conflit entre les Anglophones et les Francophones du Cameroun; de cette façon, un rejet du système ne signifie pas que les Camerounais tiennent les peuples Beti-Fang ou les peuples Foulani(Peul) responsables des horreurs des régimes de Paul Biya et d'Ahmadou Ahidjo; de cette façon, les griefs des Camerounais contre le contrôle sournoise de la France sur le Cameroun ne soit pas traduit en une perception de la France comme un ennemi, mais plutôt comme un pays avec le potentiel de devenir le meilleur ami du Cameroun, qui au chagrin de tous, a été mené par des gouvernements de mauvaise foi qui ont poussé le pays à ne pas devenir un véritable partenaire du Cameroun, une France qui n'a besoin que de tourner les choses et de réconcilier avec un peuple dont le cœur ouvert peut même accueillir la France comme une «Nation Frère».

Une telle perspective de fonder «Le Cameroun Nouveau» nécessiterait l'honnêteté, l'authenticité, et l'adhésion à des vérités historiques de toutes les parties impliquées dans le bourbier du Cameroun. Les marionnettes Françaises au Cameroun devraient cesser à présenter l'histoire déformée du Cameroun que les forces anti-Camerounaises dans les gouvernements de la France ont prodiguées pour eux de servir au peuple Camerounais, des récits anti-personnes et des plans d'ingénierie sociale destinés à laver le cerveau des Camerounaises à devenir ignorants de leur histoire et à devenir un peuple sans direction, des récits et des plans qui ont réussi à un lavage des cerveaux de beaucoup des Camerounaises pendant tant de décennies, mensonges qui dénigraient les sacrifices nobles et honorables que les nationalistes-civiques du Cameroun ont faits pour la réunification et l'indépendance du pays. Et même les Anglophobes et Francophobes, et même les nationalistes Anglophones et les nationaliste Francophones (minorités sur les deux côtés de la Rivière Mungo) qui ne chérissent les objectifs initiaux de la réunification et l'indépendance aurait besoin de cesser d'essayer de faire que les Camerounais Anglophones et les Camerounais Francophones deviennent des ennemis.

Ce n'est pas utile quand nous faisons des comparaisons du Cameroun, dont la situation est unique dans le monde, avec d'autres pays. Le Cameroun a encore le potentiel de devenir la fierté de l'Afrique ou la malédiction du continent. Le Cameroun Nouveau pourrait devenir le modèle autour duquel les Africains peuvent construire « La Afrique Nouvelle » de demain. Le Cameroun a ce qu'il faut pour devenir "La Lumière de l'Afrique". Nous ne devons pas permettre aux détracteurs de nous faire détourner de la source de cette lumière—l'Union-nationalisme du Cameroun défendue par nos nationalistes-civiques des temps de Martin Paul Samba et Rudolf Manga Bell.

Janvier Tchouteu   *30, Novembre 2016*

Chapitre Neuf

Le Cas pour l'indépendance pour l'ancien Cameroun d'Ouest (l'ancien Cameroun Méridional Britannique) par Rapport aux Autres

Comme on a indiqué auparavant, le cas du Cameroun est unique dans l'histoire du monde. Dans le cas du Québec et de l'Érythrée, ils ont été incorporés au Canada Britannique et en Éthiopie respectivement comme des «trophées de guerre», par conséquent ils pourraient ou peuvent poliment sortir des réalités géopolitiques de ces pays (par plébiscite ou référendum dans le cas du Québec) ou ils pourraient se frayer un chemin hors du pays qui les occupait avec force(comme ce fut le cas avec l'Érythrée).

La Grande-Bretagne a simplement réuni le Soudan du Sud et le Soudan, deux entités qui n'avaient auparavant aucune histoire en tant qu'entité unique; et il a fallu des décennies de guerre et des millions de morts à la communauté internationale pour permettre un référendum qui a rendu possible au Sud-Soudan de se séparer. Et bien sûr, Zanzibar était un protectorat Britannique (un protectorat qui, en droit international moderne, est un territoire dépendant auquel on a accordé une autonomie locale et une certaine indépendance tout en conservant la souveraineté d'un plus grand État souverain.) Le Royaume-Uni n'a jamais accordé son indépendance à Zanzibar. Le Royaume-Uni a simplement mis fin au Protectorat et a pris des dispositions pour l'autonomie complète à Zanzibar en tant que pays indépendant au sein du Commonwealth. C'était le gouvernement révolutionnaire qui est arrivé au pouvoir un mois après l'indépendance de Zanzibar en renversant le monarque pro-Britannique qui a négocié une union avec le Tanganyika, formant un nouveau pays appelé la Tanzanie. Zanzibar aurait donc pu rester indépendant s'il le voulait. Le Cameroun du Sud n'a jamais eu cette option.

Le cas en Afrique que vous pourriez même avoir comparé à Cameroun Méridional Britannique était Somaliland Britannique. Les Somaliens, qui n'avaient jamais été unis auparavant, ont vu leur patrie encore plus divisée en trois territoires coloniaux somaliens (Somaliland Française, Somaliland Italienne et Somaliland Britannique) pendant la partition de l'Afrique, et le reste vues en tant que parties du Kenya (Nord-est du Kenya) et de l'Ethiopie (Ogaden). Le Somaliland Italien est devenu un Territoire sous tutelle Britannique, comme le Cameroun Britannique (Cameroun Septentrional Britannique—British Northern Cameroons et Cameroun Méridional Britannique—British Southern Cameroons) après la Seconde Guerre Mondiale, que la Grande-Bretagne administrait séparément de son protectorat Somaliland Britannique. Le Conseil législatif du Somaliland Britannique a adopté une résolution en Avril 1960 demandant l'indépendance et l'union avec le

Somaliland sous tutelle Britannique (l'ancien Somaliland Italien), qui devait obtenir son indépendance le 1er Juillet 1960. Les dirigeants du Somaliland Britannique et l'ancien Somaliland Italien s'est réuni et ont accepté de former un État unitaire. Cependant, la Grande-Bretagne a terminé son contrôle sur le Somaliland Britannique cinq jours avant la date d'unification prévue, de sorte que le territoire a été brièvement indépendant comme l'État de Somaliland avant de s'unir le 01 Juillet 1960 avec le Territoire sous tutelle du Somaliland (l'ancien Somaliland italien) établissant ainsi la République de Somalie (Somalie).

Curieusement, la descente de la Somalie dans le chaos qui en a fait un état d'échec suite à la sortie du pouvoir du président Siad Barre, à la guerre civile et à l'effondrement du gouvernement central, a permis à une entité géopolitique d'émerger en Mai 1991. Cette entité géopolitique s'appelle la «République du Somaliland» et se considère comme le successeur de l'ancien Somaliland Britannique ainsi que de l'État du Somaliland (l'éphémère état de cinq jours). Pourtant, aucun pays ou organisation internationale ne le reconnaît jusqu'à aujourd'hui. Et il y a encore beaucoup d'autres États indépendants qui ont sacrifié leur sang pour se séparer de l'Etat dominant dont ils faisaient partie: le Haut-Karabagh, la Transnistrie, la République populaire de Donetsk, la République Populaire de Lougansk et jusqu'en 2008 l'Abkhazie et l'Ossétie du Sud (Que la Russie et quelques pays ont reconnu à la suite de la guerre Russo-Géorgienne) et le Kosovo (reconnu par de plusieurs pays occidentaux), mais pas par autant que la moitié du monde.

En un mot, l'establishment politique retardataire que la

mafia politique en France a impose sur le Cameroun ne peut que répondre aux griefs des Camerounais à l'Ouest du Mungo au coup par coup. Mais une résolution véritable, fondamentale, authentique et globale du problème minoritaire n ° 1 au Cameroun n'est possible que dans un Cameroun Nouveau qui est possible après que tous les peuples du Cameroun, indépendamment de la religion, région, appartenance ethnique ou expression linguistique joignent les mains avec sérieux et démantèlent ce système imposé par la France qui a maintenu tous les Camerounais dans un cloaque pendant près de six décennies.

Et à vrai dire, je pense que la région du Nord-Ouest est la moins consciente de cette réalité, car ses politiciens confondent la population en continuant à embrasser des forces conflictuelles qui divisent les rangs des partisans du changement, les obligeant à frapper aveuglément la plupart du temps, de sorte que la formidable énergie que la région génère se disperse au lieu d'être entièrement galvanisée et canalisée pour coopérer avec d'autres forces de changement au Cameroun et construire l'énergie plus large qui peut balayer ce système monstrueux hors du pouvoir et pour réaliser le Cameroun Nouveau. Nous devons être critiques et autocritiques, nous devons écouter les points de vue des autres, être ouverts d'esprit, commencer à appeler une bêche une bêche et d'arrêter d'accepter les mauvaises manières de même nos membres de nos familles et de nos tribus qui aident à soutenir le système dans une symbiose qui conduit le Cameroun dans l'abîme. Ce que nous appelons en pidgin "Long Sens" n'est pas la voie à suivre. C'est anachronique dans la cause de fonder le «Cameroun

Nouveau   parce que c'est un brin de tromperie et de malhonnêteté qu'un esprit rationnel trouve insupportable.

Lundi 28 Novembre 2016   *Janvier Tchouteu*

Chapitre Dix

Les Espoirs de Démanteler le Système Imposé par la France au Cameroun, de Neutraliser l'Establishment Politique Parasitaire et de Mettre Fin au Régime de Paul Biya

La lutte pour démanteler le système imposé par la France et le régime de Biya est réalisable. Et cette quête de changement est une continuation de la lutte nationaliste-civique du Cameroun qui a commencé à la fin des années 1940, qui est large et dépourvue d'illusions. Tout ce que toute autre lutte peut accomplir est une impasse militaire qui, en réalité, maintiendrait le système même en l'absence de Paul Biya, lui donnerait un peu de vie, même si elle serait moins efficace pour gouverner le Cameroun, surtout Anglophone. Cameroun. Pendant ce temps, ce serait la dévastation pour le Cameroun Anglophone.

Toute stratégie doit donc être orientée vers une large alliance et un lien avec la réalité (en tenant compte des réalités Camerounaises et Mondiales). Malheureusement, les réalités du monde sont des choses que la plupart des Camerounais, en particulier le leadership pour un

Cameroun Anglophone indépendant, ou ce qui était l'ancien Cameroun Méridional Britannique(l'ancien Cameroun Britannique du Sud et l'ancien Südwesten Kamerun Allemand (appelé Ambazonia par eux) sont naïfs. Je commence à voir une réalisation naissante.

Le fait est que le Kamerun Allemand était considéré et traité comme un territoire conquis par les puissances occidentales, et aucun d'entre eux n'appréciait l'idéal nationaliste-civique Kamerunaise (Camerounaise) de la réunification, et encore moins l'audace de nationaliste-civique Camerounaise (les union-nationalistes) de prendre les armes contre "Les Dieux"(les colonialistes Français. Toutes les puissances occidentales conditionnées par leur crainte de l'Union Soviétique (URSS) et du communisme, pensaient que les Camerounais se penchaient vers l'Est. Et ce sont des alliés qui resteront toujours ensemble.

Les questions pour les Camerounais déshumanisés par le système imposé par la France depuis six décennies et les dictatures de leurs marionnettes Ahmadou Ahidjo (Premier Ministre de 1958-1960 et président ou chef d'Etat de 1960-1982) et Paul Biya (1972-1982 en tant que Premier Ministre et 1982- aujourd'hui en tant que président ou chef d'État) sont:

1. Comment les Camerounais peuvent-ils reconstruire l'alliance élargie contre le système accompli qui avait été accompli au début des années 1990, quand les nationalistes-civiques qui s'étaient auparavant identifiés à l'UPC rejoignirent le SDF et en firent un parti nationaliste-civique avec une présence national et qui embrassa

pleinement le rêve de le "CAMEROUN NOUVEAU", le rêve du "Cameroun Nouveau" qui a alimenté la lutte de l'UPC contre la France et sa marionnette Ahidjo, le rêve du "Cameroun Nouveau" qui a poussé l'imaginaire de KNDP, OK etc dans la campagne pour la réunification qui a réalise l'état de la République Fédérale du Cameroun. Je parle de la véritable voie nationaliste=civique qui a continué à rejeter les régimes de Ahmadou Ahidjo et de Paul Biya (le système néocoloniale imposé par la France sur le Cameroun) même après que les renégats de l'UPC, du KNDP, du SDF etc. se soient conciliés avec le système, les rendant complices alors que le système continue de mener le Cameroun dans les abime?

2. Comment les Camerounais peuvent-ils reconstruire cctte large alliance nationale qui est instinctivement Camerounaise et qui s'efforce de construire le Cameroun Nouveau qui va prendre en compte des Espoirs, des Rêves, des Réserves, des Peurs, des Préoccupations, des forces des différents peuples du Cameroun, tout en respectant les menaces (internes et externes) qui pèsent sur notre pays lourdement traumatisé? Ce Cameroun Nouveau est le seul marché du Cameroun à l'avenir.

3. Et comment les défenseurs du changement travaillent-ils ensemble pour démanteler le système et construire le «Cameroun Nouveau» qui est le rêve Camerounais incarné dans les principes de son nationalisme civique qui a commencé en 1910 comme une cause dirigée par Martin Paul Samba et Rudolf Douala Manga Bell, une cause qui en

est à sa quatrième phase âpres trois tentatives infructueuses, toutes contrecarrées par des puissances étrangères qui dominent le Cameroun.

Et le plus tôt ceux qui croient qu'ils sont équipés pour diriger la lutte réalisent cela, alors le mieux pour eux-mêmes et les peuples Camerounais. Cette réalisation serait un avancement psychosocial très peu de ceux qui prétendent avoir des qualités de leadership peuvent s'élever le défi.

Janvier Tchouteu   *17 Mai 2018*

Chapitre Onze

Les Défenseurs de la Futur Cameroun Nouveau

Quiconque qui n'est pas affligé par les traumatismes que le peuple Camerounais a vécus dans son histoire de cent vingt-cinq ans (colonisation et pacification Allemandes, partition et pacification Anglo-Française, contribution disproportionnée de la main-d'œuvre et des ressources au Forces Françaises Libératrices de l'Afrique Francophone et de la France, décimation de la population pour avoir résisté à la duplicité Française sur la cause de la réunification et de l'indépendance - la résistance vaincue de l'UPC contre la France et le régime de sa marionnette Ahmadou Ahidjo pendant la guerre de libération, trahison du peuple dans son rêve de réunification, un demi-siècle du système anachronique imposé par la France sue les peuples Camerounais, les dictatures d'Ahidjo et de Biya, et la subjugation et la déshumanisation du peuple Camerounais) est sans cœur; mais cette quiconque qui s'efforce de rendre le Cameroun à l'un de ses états passés est sans cervelle.

Malgré nos traumatismes, notre avenir repose sur un Cameroun Nouveau qui se réhabilite de tous les maux de son passé et qui exploite son énorme potentiel pour construire une grande nation productrice où les pouvoirs émanant de ses leviers de gouvernement assureraient la paix, la prospérité, la liberté, le développement , la justice, la liberté et la sécurité pour tous les Camerounais, indépendamment de leur croyance, de leur religion, de leur appartenance ethnique et de leur statut social et économique.

Ce n'est que lorsque la dignité du peuple Camerounais leur a été rendue, ce n'est que après la nation s'est organisée au point de garantir un avenir prometteur à ses enfants que la nation Camerounaise avancée, guidé par son idéal universel de l'Union Nationalisme, prend sa place particulière en Afrique et joue son rôle dans la réalisation de l'union économique et de l'intégration politique de l'Afrique.

Janvier Tchouteu   *Février 2009*

Chapitre Douze

La Reconstitution des Forces dont Nous Avons Besoin pour Construire le «Cameroun Nouveau»

Des Parties Politique	Leader	%	Des Sièges	+/-
Rassemblement Démocratique du Peuple Camerounais (RDPC)	Paul Biya		149	+40
Front Social-Démocrate (SDF)	John Fru Ndi		22	−21
Union Démocratique du Cameroun (UDC)	Adamou Ndam Njoya		5	0
Union des Populations du Cameroun (UPC)			3	+2
l'Union Nationale pour la Démocratie et le Progrès (UNDP)	Bello Bouba Maigari		1	−12

Mouvement Liberté du Jeunesse Camerounais				0	−1
Votes Invalides/Vierges				−	−
Total				**180**	**0**
Source: Base de données sur les élections en Afrique					

Hmm! Je vois mes anciens camarades du SDF (un parti que j'ai abandonné en 2002 après les élections législatives lorsque ses dirigeant John Fru Ndi ont trahi l'essence de la lutte pour un "Cameroun Nouveau» en concluant un accord secret avec le régime en place, ainsi légitimant le système à un moment où le SDF commandait plus de 70% du soutien du Camerounais), qui auraient pu me lyncher il y a peu de temps pour être ferme dans la vision de longue date (la vision nationaliste-civique qui dominait le SDF dans le début des années 1990 alimenté par les héritiers de l'UPC historique) qu'un «Cameroun Nouveau» est la seule option pour nous, revenant au bercail, en demandant une fédération/décentralisation/confédération, ce qui est une reconnaissance subtile du fait que la sécession ou la séparation est irréalisable pour les terres de l'ex-Cameroun occidental (l'ancien Cameroun Méridional Britannique) — les régions du Nord-Ouest et du Sud-Ouest du Cameroun.

Par le «Cameroun Nouveau»,je veux dire une nouvelle

ère où le système imposé par la France a été démantelé et un système fédéral mis en place, où règnent la démocratie, la justice, la liberté et la prospérité économique.

Je suis heureux qu'aujourd'hui, les membres du SDF et les anciens partisans du SDF qui ont abandonné l'objectif d'un «Cameroun Nouveau», commencent à revenir à l'idéal national de la Lutte Camerounaise. Bienvenue à l'idée nationale d'une centaine d'années.

John Fru Ndi a abandonné les principes de base de cet idéal qui englobe une fédération en se conciliant avec le système, contribuant ainsi à le soutenir, faisant ainsi du SDF un parti du système comme le UNDP de Bello Bouba et l'UDC d'Adamou Ndam Njoya auparavant. Encore une fois, le système est incapable de réaliser "Le Cameroun Nouveau". Le SDF de Fru Ndi, comme la CDU de Ndam Njoya ou le UNDP de Bouba, etc., sont les deux faces d'une même pièce, l'une comme le visage ou la tête et l'autre comme les queues.

Nfor Susungi et les autres—les pseudo-séparatistes (ceux qui utilisent le séparatisme comme une stratégie pour pousser la main du système imposé par la France ou l'establishment politique pour atteindre leurs objectifs) et les vrais séparatistes (les héritiers de ceux qui sont ou ont toujours été contre la réunification) dans le SDF qui ont utilisé le séparatisme comme une arme, malheureusement, mis en désordre l'effort multiethnique, multiculturel et multireligieux moins l'Anglophilisme et le Francophilisme que le nationalisme-civique Camerounais englobait et que la vision du "Cameroun Nouveau" incarnée, une vision embrassée par l'UPC historique de Ruben Um Nyobé, de

Félix Moumié, d'Ernest Ouandié, de Ndeh Ntumazah, d'Osendé Afana, d'Albert Kingué etc., et le KNDP / OK historique de John Ngu Foncha, Ndeh Ntumazah et Albert Mukong.

Ce sont les pseudo et vrais représentants du séparatisme (restauration) dans le SDF qui ont affaibli le parti après 1993, de sorte que les forces du SDF qui croyaient en utilisant le SDF pour obtenir "Une part du gâteau national" (la faction de Fru Ndi et ses amis qui domine le SDF aujourd'hui) s'est détournée des union-nationalistes du parti en abandonnant la quête d'un changement systémique, de sorte que ceux qui continuaient à embrasser la quête d'un changement systémique, sont devenus désillusionnés, et dont les plus importants ont quitté le SDF en 2002 et après.

Ce sont ceux qui n'ont jamais vacillé dans leur quête de changement systémique - ceux qui n'ont jamais trahi, que les masses Camerounaises en difficulté peuvent pleinement se fier pour mener la nouvelle phase de la lutte pour réaliser le «Cameroun Nouveau». Ce sont les Kamerunistes, les union-nationalistes de Cameron. Ils n'ont jamais considéré les séparatistes, en particulier les pseudo-séparatistes, comme des ennemis, mais plutôt comme des victimes, même si elles ont perdu la cible ou le but de la lutte. Même certains de ceux qui sont impliqués dans les parties du système (ceux du système ou ceux qui en bénéficient mais n'y croient pas) sont considérés comme des brebis égarées qui ont seulement besoin de se repentir, d'être «desystématisé»—c'est-à-dire «defrancafriquanisé»— et de prendre leurs positions une fois de plus en tant que représentants du "Cameroun Nouveau". Le processus de cette réconciliation conduira au démantèlement du système et à la réalisation du «Cameroun Nouveau» dont nous tous rêvons.

Pour ceux qui sont de retour, ceux qui reviennent, ceux qui songent à revenir et ceux qui embrassent pour la première fois l'idéal du «CAMEROUN NOUVEAU», je dis: Bienvenue, Vous Serez de Retour, Bienvenue!

Janvier Tchouteu   *09 Avril 2018*

Chapitre Treize

La Tâche de Racheter le Cameroun des Mains du Régime Fasciste au Pouvoir et du Hooliganisme

Nous Nous avons échoué à empêcher le conflit armé bouillonnant au Cameroun aujourd'hui, au Cameroun Anglophone ou ce qui était *British Southern Cameroons* (Le Cameroun du Sud Britannique ou Le Cameroun Méridional Britannique) à l'époque coloniale, ou le Cameroun de l'Ouest au cours des premières années de l'histoire du Cameroun comme "un pays indépendant ". Nous les Kamerunistes, autrement dit les Union-Nationalistes du Cameroun (les héritiers de l'UPC historique et des KNDP/OK —c'est-à-dire, ceux qui ont lutte pour réaliser l'indépendance des Camerouns et la réunification des terres de l'ancien Kamerun Allemagne par le plébiscite de 1961), ont échoué dans nos luttes civique-nationaliste pour débarrasser le système-impose par la France de pillards et de mercenaires (des fascistes kleptomane en soi) hors de la pouvoir en temps de réaliser le rêve centenaire du "CAMEROUN NOUVEAU", et dans en temps de saper les héritiers de ceux qui étaient contre la réunification de dire que « Regardez, la réunification était une mauvaise idée. "

La vérité est que le gouvernement actuel, le régime de Paul Biya, et le système l'établissement dans son ensemble ne chérissaient les objectifs civique-nationaliste de réunification et de indépendance que la grande majorité de nos ancêtres se sont battus et se sont morts pour. C'est pourquoi le système-imposé par la France a poussé le Cameroun Anglophone au mur, donnant ainsi les héritiers de ceux qui ont voté contre la réunification l'avantage pour se positionner comme les avant-garde de la cause des droits des peuples du Cameroun Anglophone (l'ex-Cameroun de l'Ouest ou l'ancien Cameroun du Sud Britannique avant cela).

Aujourd'hui, ces deux forces (le gouvernement / l'établissement /le système-impose par la France et les sécessionnistes) qui ont été toujours une minorité dans l'histoire traumatique du Cameroun se battent entre eux, donnant à chacun la pertinence — un, faussement, comme une force essayant de garder la unité du Cameroun, tandis que l'autre, malheureusement, pose comme la force d'emporter le Cameroun Anglophone loin d'un Cameroun qui est détourné par la France et ses marionnettes depuis 1955 contre la volonté de la grande majorité des Camerounais qui sont des Union Nationalistes et qui sont des adhérents aux objectifs des mouvements civiques-nationalistes historiques du Cameroun et des dirigeants historiques Camerounais (de l'époque de Martin Paul Samba/Rudolf Duala Manga Bell à l'époque de Um Nyobé/Moumié/Ouandié/Afana/Kingué/Foncha/Ntumazah/

Mukong, et à Tchwenko/Maidadi) à un futur qui est en réalité impossible.

Pendant ce temps, la majorité écrasante des Camerounais qui décrient leurs activités sont impuissants comme Ils traînent le Cameroun dans l'abîme, comme ils se rendent pertinents dans un combat que les pouvoirs qui sont veulent pour le Cameroun et les Camerounais, les Camerounais qui sont un peuple qui a défié les stéréotypes sur les Africains en tant que race fortement divisée, incapable de puiser dans leurs forces et leurs possibilités mutuellement compatibles, pour se rassembler et devenir une force puissante, unie, libre, prospère et défendable. "Les pouvoirs qui sont..." aimeraient dire: "Regardez, ils ne sont pas différents des autres Africains. Ils sont aussi autodestructeurs; ils sont incapables de faire avancer l'humanité ... le processus de leur ingénierie sociale est complet; ils sont pleinement prêts à servir le but que nous avions pour eux ... "

Le régime Biya, le système imposé par la France qui a privé les Camerounais d'une voix à faire la courbe de leur destin, doivent s'abstenir d'effectuer une autre mascarade électorale jusqu'à ce qu'au moins 80% de la population en âge de voter dans toutes les provinces soient enregistrés, jusqu'à ce que le processus de dialogue et de réconciliation se poursuive et jusqu'à ce que le cadre du «Cameroun Nouveau » soit en place.

La vision d'un "Cameroun Nouveau» qui serait le noyau du futur « L'Afrique Unie » ne doit pas être tué par ceux qui n'ont jamais chérissait le Cameroun de nos rêves. Nous devons arrêter ceux qui traînent le Cameroun dans les abysses pour le bien de nos enfants, pour le bien de l'Afrique et pour le bien de l'humanité. Pour réaliser cela, les Kamerunistes (unionistes-nationalistes), les nationalistes-civiques du pays ou ceux qui chérissent le Cameroun et le rêve originel des Camerounais doivent avancer et entamer le processus qui confinera les héritages d'Ahidjo-Biya et le système imposé par la France à la poubelle de l'histoire, afin que le Cameroun ne se désintègre. Le processus fournirait à la population un système fédéral, démocratique, représentatif et juste qui assurerait non seulement la prospérité et la dignité de tous ses citoyens, mais réaliserait aussi les objectifs de la réunification tels que défendus par ceux qui ont combattu, ont fait campagne et voté pour la réunification et l'indépendance du Cameroun.

Janvier Tchouteu   *02 Avril, 2018*

Chapitre Quatorze

Aperçus sur la Fondation du "Cameroun Nouveau"

Dans la lutte pour compléter la Libération inachevée du Cameroun, dans la lutte pour Le Cameroun Nouveau, les héritiers de la première phase de la lutte menée par Martin Paul Samba / Rudolf Duala Manga Bell; les héritiers de la deuxième phase de la lutte menée par Ruben Um Nyobé / Félix Moumié / Ernest Ouandié / Osendé Afana / Nde Ntumazah / Abel Kingué / John Ngu Foncha etc.; et les héritiers de la troisième phase de la lutte pour le Cameroun Nouveau menée par le Front Social-Démocrate historique (SDF) de 1990-1997 où deux leaders (Albert Mukong et Dr Samuel F Tchwenko) se sont distingués comme ceux qui n'ont pas compromis leurs valeurs personnelles et leur intégrité pour l'argent ou l'avancement personnel ou qui ne se sont pas laissé corrompre pour de l'argent, même après avoir souffert de privations, les Camerounais devraient être assez prévoyants pour comprendre ce qu'est la lutte, qui sont les ennemis ou les opposants au changement, qui sont les alliés et les alliés potentiels et comment se faire les nouveaux Camerounais forger des alliances avec ceux qui ont grand besoin pour "Le Cameroun Nouveau". De cette façon, nous arrivons à comprendre que tous les groupes ethniques, toutes les religions, toutes les régions et entités linguistiques au Cameroun veulent changer et sont des alliés potentiels. De cette façon, nous comprenons que le système imposé par la France sous le Cameroun, un système qu'est supervisé par Paul Biya peut être dominé par des pillards et mercenaires d'origine Beti, mais ce n'est pas la faute du peuple Beti qui, dans leur majorité, détestent le système aussi. De cette façon, nous arrivons à comprendre que l'ancienne régime de Ahmadou Ahidjo était très bien dominé par les gens d'origine Peul, mais les Peuls n'en étaient pas responsables pour la règne sans gloire et sanglant de Ahmadou Ahidjo.

Ainsi, nous comprenons que l'héritage héroïque de l'UPC historique est né des sacrifices patriotiques de tous les Camerounais (Anglophones et Francophones) et que le prix exceptionnel payé par les peuples Bamiléké et Bassas devrait être un facteur de renforcement de leur unité. Ce serait difficile pour ceux qui se sont conciliés avec l'establishment (système) d'utiliser le hoquet dans la lutte pour creuser un fossé entre ces peuples si on pense comme ca.

La nouvelle (quatrième) phase de la lutte pour le "Cameron Nouveau" qui compléterait la libération inachevée du Cameroun "devrait être inclusive et basée sur les principes de l'idéal qui a rendu la réunification inévitable et qui a forcé les puissances coloniales à précipiter notre soi-disant indépendance.

Janvier Tchouteu   *15 Février, 2018*

Chapitre Quinze

Se Sentir Triomphant Malgré les Défaites dans les Trois Dernières Phases de la Lutte pour le "Cameroun Nouveau"

Oui, les Camerounais, que ce soit des individus, des groupes ou en tant que nation, doivent être fiers des objectifs des trois phases de la lutte pour fonder le « New Cameroun », une lutte qui a tant de douleur. Le réveil général du Cameroun nous oblige à embrasser notre histoire collective et chérir ces aspects enrichissants de notre passé, qui, bien que tragique, nous devons néanmoins imiter afin de réaliser le Cameroun Nouveau. C'est ce que l'idée du Cameroun est. C'est ce sur quoi tourne le union-nationalisme Camerounaise.

Lorsque les Camerounais reflètera pleinement les étapes historiques prises par Martin-Paul Samba, Rudolf-Duala Manga-Bell, Ruben Um Nyobé, Félix Moumié, Ernest Ouandié, John Ngu Foncha, Ndeh, Albert Mukong etc à l'époque, à semer les graines de Nationalisme Kamerunais, alors nous pouvons dire que nous avons exposé le fondement ou le noyau de la bonté dans le futur Cameroun Nouveau; lorsque les Camerounais (des deux côtés de la

Rivière Mungo— c'est-à-dire Cameroun Anglophone et Cameroun Francophone) grêle Ruben Um Nyobé, Osendé Afana, Félix Moumié, John Ngu Foncha, Albert Kingué, Albert Mukong, Ernest Ouandié etc. comme les vrais héros de sa réunification et son indépendance(malgré une libération inachevée), alors nous serons en mesure se vanter que nous avons exposé le vide du système maléfique que la France a imposé au Cameroun depuis 1958 et les régimes de usurpateurs de Ahmadou Ahidjo et Paul Biya. Nous même être en mesure de dire avec conviction inébranlable que la main dans la main, nous avons établi le cadre du Cameroun Nouveau.

Lorsque les Camerounais viennent à accepter la réalité incontournable que le Cameroun Nouveau naîtrait par la participation active de la majorité dans toutes les forces du pays, alors nous pouvons dire que nous avons pris conscience de la force irrépressible de Camerounaise Union Nationalisme, ce qui est doit se débarrasser de ce système rétrograde que la France a impose sur le Cameroun(indépendamment du fait que c'est Biya ou son héritier qui le dirige) et mettre en place le Cameroun Nouveau qui prendrait sa place méritée en Afrique et dans le monde en tant que nation éclairante pour les peuples progressistes.

Janvier Tchouteu   *26 Novembre 2016*

Chapitre Seize

Le Cas pour Le "Cameroun Nouveau" et pour la "Afrique Nouvelle"

Paul Biya du Cameroun est considéré dans les nombreux cercles patriotiques comme un "SOB" pour exploiter et permettre à son pays d'être exploité par des intérêts étrangers de manière si détachée, laissant ainsi le Cameroun aujourd'hui comme une nation mendiante, mais il est le "SOB" très bien. Oui, il est un marionnette qui est accepté par les alliés politiques de la France et les puissances économiques qui dominent l'Afrique. Contrairement à Kadhafi qui n'était pas le "SOB" de l'une quelconque des puissances mondiales, et qui était donc sacrifiable, en tenant compte des ressources que la Libye a; Biya et le système que ses maîtres ont mis en place avec le soutien tacite ou ouvert des puissances occidentales seront défendus par la France. Le pire que les Français puissent faire, c'est de l'éloigner du pouvoir comme ils l'ont fait à son prédécesseur Ahmadou Ahidjo, puis de mettre en place une autre marionnette qui viendrait soutenir le système vieux de six décennies qu'ils ont mis en place au

Cameroun.

Comme l'écrivait Howard W. French dans un article publié le 28 Février 1995, Herman Cohen, un ancien secrétaire d'État adjoint aux affaires africaines, a déclaré que «la politique américaine était très explicite, donnant une responsabilité majeure aux grandes puissances métropolitaines pour l'Afrique, en termes globaux ... Le problème avec les Français, c'est qu'ils n'y ont jamais cru parce qu'ils ont étendu la vision gaulliste de regardant les États-Unis comme puissance impérialiste en Europe, aussi bien que en regardant les États-Unis comme un pouvoir impérialiste en Afrique."

Howard W. French (l'auteur d "Un Continent pour la Prise: La Tragédie et l'Espoir d'Afrique") a écrit dans l'article que "... pendant la plus grande partie de la période de l'indépendance africaine à la fin des années 1950 jusqu'à la fin de la guerre froide , les Etats-Unis ont assuré qu'ils se contentaient de voir la France gouverner les affaires de ses anciennes colonies comme faisant partie d'une sorte de division du travail entre alliés occidentaux visant à minimiser les avancées soviétiques dans le Tiers-Monde... "

Aujourd'hui, l'Afrique, surtout l'Afrique Anglophone surtout, et l'Afrique Francophone de plus en plus, deviennent une arène qui n'est plus un privilège donné aux anciens maîtres coloniaux par une Amérique qui se contentait de voir la Grande-Bretagne et la France dominer le continent; aujourd'hui, il y a une ruée croissante pour l'Afrique par une Chine avide de ressources et par les États-Unis qui ne veulent pas perdre à la nouvelle ruée vers l'Afrique que les anciennes puissances coloniales sont impuissantes à empêcher.

Ce développement ne doit pas être négligé par les nationalistes-civique africains qui comprennent que l'Afrique et les Africains doivent sécuriser l'intérêt du continent pour que ses ressources humaines et matérielles soient exploitées de manière rationnelle qui assure le développement de la terre et le progrès et bien-être des Africains.

Janvier Tchouteu   *26 Février 2017*

Chapitre Dix-Sept

Comment les Défenseurs du «Cameroun Nouveau» Peuvent Eviter la Distraction et Etablir l'Agenda du Changement au Cameroun

C'est dommage que les partisans du changement et les Union-Nationalistes Camerounais (nationalistes-civiques) qui se sont engagés à fonder le «Cameroun Nouveau», le Rêve Camerounais de presque cent ans, passent leur temps à répondre aux déclarations des détracteurs, des échelons inférieurs du système anachronique imposé par la France. C'est également regrettable que certains de nos partisans du changement prospèrent en contrant les déclarations de ces détracteurs par leurs propres remarques qui reflètent la superficialité de leurs esprits en tant que les humains qui sont censés être du côté du progrès.

La folie du parti RDPC de Paul Biya, du gouvernement corrompu du Cameroun, par le système impose par la France sur le Cameroun, ou par l'establishment politique dans son ensemble, doit être contrée par des idées avancées et des arguments logiques dépourvus d'aveuglement ethnique, régional ou linguistique. C'est notre seule corde de vie pour le futur «Cameroun Nouveau».

Pour ridiculiser davantage notre intelligence encore plus loin, nous avons des spoilers (confus et à sens unique) qui excusent immédiatement les déclarations ridicules de ces pseudo-défenseurs du changement qui sont maudits par un sens aigu de la pharisaïsme, et qui déforment la réalité et l'histoire Camerounais en fonction de leurs objectifs, leurs objectifs qui ne sont pas dans l'intérêt de ceux qu'ils prétendent être engagé dans la cause du changement pour— les masses Camerounaises qui luttent, qui sont énergiques et qui ont été trompés et foulés par le système imposé par la France au Cameroun depuis 1958.

Simplement, je suis fatigué de voir notre peuple réagir aux distractions du régime au pouvoir. Cela se passe comme ça depuis 1992, lorsque les représentants du changement ont cessé d'être les pacesetters dans la lutte contre le système. Ce qui est aberrant, c'est qu'auparavant, les défenseurs du changement devaient se confronter des détracteurs au sommet du gouvernement, mais maintenant, il y a beaucoup des gens qui s'appellent des défenseurs du changement, et qui ont été tellement affaiblis qu'ils se retrouvent maintenant à répondre même aux maladroit des détracteurs des rangs les plus bas du régime au pouvoir, et même des personnes sans formules de pensée progressistes et inclusives qui s'appellent eux-mêmes l'opposition.

Nous pouvons nous vanter de donner le rythme de la lutte pour construire un «Cameroun Nouveau» seulement quand le régime au pouvoir et le système dans son ensemble commencent à être ceux qui répondent à nos idées et à nos actions. De plus, cela exigerait une organisation efficace, une embrassement inébranlable de l'idée de l'Union-Nationalisme Camerounais (le nationalisme-civique centenaire qui a commencé avec Martin Paul Samba) et des rangs indivis dépourvus de spoilers avec des agendas égocentriques personnels, tribaux, régionaux ou égocentriques et linguistiques.

Janvier Tchouteu   *6 Décembre 2016*

Chapitre Dix-Huit

Les Politiciens et les Révolutionnaires dans la Lutte pour le nouveau Cameroun

Les politiciens ne sont pas ceux qui sont destinés à changer un système et de prendre un pays sortir d'une impasse dans l'avenir. C'est le travail des révolutionnaires.

Les politiciens fonctionnent dans les systèmes établis et faire le travail de la politique politicienne pour défendre, protéger ou promouvoir certains intérêts, qu'ils soient individuels, groupe, ethnique, régionale, linguistique ou national, sur la base des phrases vides ou par une formulation pensée clairement définie (idée ou un concept)

Révolutionnaires d'autre part sont ceux qui contestent un système, en attendant de le faire descendre et mettre en place un nouveau système qui servirait l'intérêt de la majorité foulé (la soufFrance ou en difficulté des masses). Dans la cause de faire tomber le système, les révolutionnaires ne vous attendez pas à bénéficier ou se développer de la lutte. , Ils sont plutôt prêts à tout sacrifier pour la lutte.

Le plus triste est que si la lutte Camerounaise pour changer le système est une lutte révolutionnaire, la plupart des dirigeants dans les soi-disant partis d'opposition parlent de la politique et des récompenses attendues même si elles sont encore engagés dans la lutte pour changer le système.

Voilà pourquoi la plupart d'entre eux portaient atteinte aux idéaux de la lutte des excuses que '«*C'est impossible de vivre sur la politique propre comme une véritable opposition au Cameroun»*. Il y a et il y a eu des Camerounais qui ont généreusement donné à leur valeur à la lutte et feutre il était déshonorant d'utiliser la lutte pour obtenir des avantages personnels. Ils ont été et sont les syndicats nationalistes et révolutionnaires.

Au cours de mes années d'implication dans la lutte, je me suis finalement rendu compte que le système (les régimes Ahidjo-Biya soutenu par le groupe de la mafia Française contrôlant les affaires africaines) craint et respecté ces révolutionnaires et syndicaux-nationalistes pour leur authenticité, la nature et l'intégrité sans faille. Mais assez curieusement, les politiciens qui prétendent être dans l'opposition conçu une haine pour ces révolutionnaires et nationalistes syndicaux juste parce que ces révolutionnaires et nationalistes syndicaux sont authentiques et ne sont pas comme eux, et parce qu'ils regardent avec horreur à la tromperie des politiciens qui tentent de vivre la politique politicienne et ce faisant, compromis la lutte et trahi les aspirations des masses en lutte.

Curieusement, nous avons échoué dans cette phase de la lutte (1990-2002) parce que les politiciens ont mené la lutte pour changer le système (une demande révolutionnaire) au lieu des révolutionnaires et des syndicats nationalistes qui sont beaucoup moins susceptibles d'être compromises par les valeurs négatives de le système Français imposé anachronique.

Janvier Tchouteu   *Vendredi, 15 Avril 2005*

L'Unité du Cameroun: et Le «Cameroun Nouveau»   127

sont beaucoup moins susceptibles d'être compromises par les valeurs négatives de le système Français imposé anachronique.

Janvier Tchouteu   *Vendredi, 15 Avril 2005*

Chapitre Dix-Neuf

Les Patrie Ethniques (Les Tribus) au Cameroun qui ont été divisés par la partition de 1919 du Kamerun Allemand en le Cameroun Britannique et le Cameroun Français.

Les groupes ethniques indigènes ci-dessous chevauchent les frontières des régions du Cameroun Anglophone et des régions voisines du Cameroun Francophone:
- Bafaw-Balong
- Balong-Bafaw
- Bakaka
- Bakossi
- Bali
- Bamiléké
- Bamoun
- Bankon
- Banso
- Duala-Mungo
- Mungo-Duala
- Mambila
- Mbo (h)
- Ngemba (au sens large)
- Tikar (au sens plus large)

Chapitre Vingt

Sur l'Absence de Coopération Politique/Militaire entre les Opposants au Régime de Biya/Système-Imposé par la France dans les Régions Anglophones et Francophones du Cameroun

Les deux parties du Cameroun—Cameroun Anglophone et Cameroun Francophone—doivent travailler ensemble pour se débarrasser de ce système imposé par la France afin de fonder le "Cameroun Nouveau" qui a tiré les rêves de nos ancêtres au point où ils sont morts dans leurs centaines de milliers luttant pour la réunification et l'indépendance, et au point où ils ont fait campagne et voté dans leur majorité écrasante dans l'ancien Cameroun Méridional Britannique pour la cause de rassembler les terres de l'ancien Kamerun Allemand.

C'est le travail de ceux qui rejettent le système — l'establishment politique dominé par ses gardiens qui ne sont que des mercenaires pour leurs maîtres Français — de travailler ensemble sur une idée nationale commune ou un idéal de fondation du Cameroun Nouveau, explorer leurs objectifs communs et le désir d'un avenir meilleur pour tous les Camerounais, un développement qui, une fois de plus, effacerait tous les doutes, renforcerait le sentiment de fraternité et un avenir commun et réaffirmerait que cette nouvelle phase de la lutte ne vise pas à réaliser le désintégration du Cameroun, mais plutôt de compléter sa libération inachevée qu'était gelée depuis 1955.

Il faut aussi se rendre compte que ceux qui se considèrent comme sécessionnistes, séparatistes ou restaurateurs, donnent à l'establishment politique Camerounais (les marionnettes / mercenaires Français), aux pseudo-nationalistes prétendant être des patriotes, aux élites politiques du parti au pouvoir et le soi-disant parties de l'opposition, l'occasion de se poser comme des union-nationalistes (nationalistes-civique Camerounais), l'occasion de se présenter aux yeux des Camerounais comme de ceux qui se sont battus pour garder le Cameroun ensemble, alors qu'en réalité ils ont été mis en place pour étrangler le Cameroun.

Le processus de fondation du Cameroun Nouveau devrait conduire à la fin du règne de Biya, au démantèlement du système maléfique et non à la désintégration du Cameroun. Toutes les forces progressistes de la terre devraient s'entendre là-dessus, pour faciliter la création d'alliances délibérées, la fixation d'objectifs réalistes et la mise en œuvre de stratégies cohérentes.

Janvier Tchouteu   *06 Janvier 2018*

Chapitre Vingt-Un

L'Evolution Géopolitique de l'Allemagne et du Cameroun Comparée

Le Cameroun (Kamerun) étant un territoire vaincu pendant la Première Guerre Mondiale subit le même sort que son ancien maître colonial vaincu (Allemagne) et leurs voies d'unification et de réunification sont identiques, ce qui les rend analogues. Donc j'espère que cette analogie rendra les choses moins floues pour les lecteurs.

Otto Von Bismarck a poussé pour l'unification Allemande par "sang et fer" (aboutissant à la guerre Franco-Prussienne du 19 Juillet 1870 - 10 Mai 1871) et une compréhension habile de la realpolitik, de sorte que les princes des différents états Allemands dirigés par la Prusse , a proclamé l'État-nation Allemand appelé *Deutschland* avec Wilhelm I de la Prusse en tant qu'empereur Allemand. Cela a été fait le 18 Janvier 1871, dans la Galerie des Glaces du Château de Versailles, en France, suite à la capitulation de la France. La France a perdu l'Alsace et la Lorraine (les provinces Françaises avec une majorité d'Allemands ethniques) en Allemagne à cause de cette défaite. Une décennie plus tard, l'État-nation Allemand unifié a assemblé des villages (unis), des tribus, des groupes ethniques, des royaumes traditionnels africains (chefferies ou fondomes, sultanats et lamidates) dans le protectorat Allemand et plus tard dans la colonie appelée Kamerun.

En 1911, suite à la crise d'Agadir au Maroc où l'Allemagne et la France étaient au bord de la guerre sur le contrôle de ce territoire Berbère, la France a cédé et offrit à l'Allemagne des territoires qui sont aujourd'hui en République Centrafricaine, au Gabon et en République du Congo. En échange, l'Allemagne a renoncé à ses revendications sur le Maroc. En plus de cet échange, l'Allemagne a donné un morceau de Kamerun à la France, un territoire actuellement au Tchad (Ndjamena et ses environs). Cette nouvelle acquisition constituait ce qu'on appelait à l'époque *NeuKamerun* (Nouveau Kamerun ou Cameroun Nouveau). Les autres grandes puissances ne reconnaissent pas la perte de la France. C'est pourquoi en 1916, à la suite de la défaite de l'Allemagne à Kamerun, la France a réintégré les territoires perdus en 1911 dans son Empire Centrafricain sans fioritures, et a administré la partie de l'ancien Kamerun Allemand, qu' elle a capturé comme une territoire conquis jusqu'à la partition de Kamerun entre la Grande-Bretagne et la France. Le résultat de cette partition, qui était impopulaire parmi les Kamerunais, a abouti à la création du Cameroun Britannique et du Cameroun Français, territoires qui furent plus tard reconnus comme des territoires sous tutelle par la Société des Nations, qui était nouvellement fondée le 10 Janvier 1920 comme un organisation intergouvernemental à la suite de la conférence de paix de Paris qui mit fin à la Première Guerre Mondiale.

En résumé, la Première Guerre Mondiale s'est terminée avec la défaite de l'Allemagne et ses colonies. Comme prix de la défaite, l'Allemagne a été dépouillée de ses colonies et de certaines parties de l'Allemagne avec d'importants Allemands non-ethniques (L'Alsace et la Loraine sont allées en France, le duché de Schleswig est allé au Danemark et des parties de la Prusse et de la Poméranie sont allées en Pologne, et Eupen-Malmedy est allé en Belgique).Dans le cas de Kamerun, les puissances victorieuses l'ont dépouillé des territoires acquis par l'Allemagne pour le Kamerun en 1911(*NeuKamerun* ou Nouveau Kamerun). Ensuite, ils ont divisé le Kamerun en Cameroun Britannique (Cameroun Septentrional Britannique—British Northern Cameroons et Cameroun Méridional Britannique—British Southern Cameroons) et en Cameroun Français.

Après la Seconde Guerre Mondiale, l'Allemagne a subi le sort de partition comme le Kamerun lorsqu'elle a été divisée en quatre zones de contrôle (zone Britannique, zone Française, zone Américaine et zone Soviétique (Russe). Plus tard, les zones Américaine, Française et Britannique ont fusionné et ont formé la République Fédérale d'Allemagne (Allemagne de l'Ouest). La zone Russe a évolué vers la République Démocratique Allemande (Allemagne de l'Est). En 1989, l'Allemagne de l'Est s'est réunie avec l'Allemagne de l'Ouest (Le Réunification Allemande).

En 1961, le Cameroun Méridional Britannique obtient

son indépendance en réunifiant (réunification) avec l'ancien Cameroun Français, qui avait été accordé (quasi) son indépendance par la France le 01 Janvier 1960 avec la marionnette Française Ahmadou Ahidjo comme président au mépris du souhait majoritaire des Camerounais Anglophones et Francophones qui soutenaient les partis nationalistes opposés à la domination Française et Britannique et qui étaient pour la réunification du Cameroun Britannique et du Cameroun Français avant l'indépendance.

La tromperie de la Grande-Bretagne et de la France en utilisant l'outil occidental ou la marionnette Ahidjo, qui a cédé le pouvoir en 1982 à un autre outil de l'impérialisme (Paul Biya), est ce qui hante aujourd'hui le Cameroun et les Camerounais.

L'Allemagne est sous la coupe politique des Etats-Unis aujourd'hui, tout comme Kamerun est sous la coupe socio-économique et politique de la France. C'est pourquoi la lutte pour le Cameroun Nouveau doit être à deux volets: la France (pas le peuple Français commun et l'establishment Camerounais composé de Camerounais Anglophones et de Camerounais Francophones).

06 Février 2018   *Janvier Tchouteu*

Chapitre 22

La Tache Exigeant pour les Générations Post-Indépendance

Le principal problème pesant dur sur la psychologie générale de la majorité des peuples du Cameroun et de l'Afrique d'aujourd'hui est le souci du chemin que leurs enfants désabusés, déshumanisés et frustrés prendraient pour faire avancer leur bien-être. Par les mot "leur enfants", je veux dire ceux qui sont nés juste avant et après les années d'indépendance de nombreux pays africains dans les années 1960. Ceci est une génération qui est née dans l'atmosphère de l'espoir et des attentes qui avait saisi le Cameroun et l'Afrique juste avant et juste après l'indépendance, un sentiment positif qui a été basé sur la récente réunification et l'indépendance du Cameroun Français et du Southern Cameroons Britannique. Ce sentiment positif a été d'autant plus éclatante par les objectifs que les nouveaux dirigeants du Cameroun ont été haranguaient.

Toutefois, quatre décennies après, nous sommes encore nulle part à proximité des rêves qui avaient soutenu nos espoirs. La pauvreté, la maladie, l'analphabétisme, la répression, les divisions ethniques, la corruption, sous-développement et la domination extérieure encore nous tourmentent, et dans de nombreux aspects, pire encore qu'avant l'indépendance. Pourtant, nous avons pensé que nous pouvons débarrasser du colonialisme par une quasi-indépendance qui donnerait automatiquement naissance à un balai qui vas éclaircir tous les aspects de notre sous-développement. Nos leaderships postindépendance et pseudo-intellectuels nous trompés parce qu'ils manquaient de la volonté et la vision d'utiliser les potentiels des terres qu'ils menaient. Ils nous ont échoué en ne maîtrisant pas le point d'Archimède de notre sous-développement et de nos potentiels de développement. Les systèmes anti-peuples mises en place par leurs marionnettistes, tels que l'ancien maître colonial la France et les leviers que ces marionnettes ont conçues et ont espéraient faire tourner les différents pays africains à des sommets plus élevés était le reflet de leur ego et les illusions plus que de leur intelligence, leur volonté et leur raison d'être.

Au Cameroun aujourd'hui, nous sommes confrontés par la tâche colossale de commencer à partir de zéro, ce qui implique la démolition du système échoué qui était imposé par la France, un system qui est rétrograde, anti-démocratique et exploitante ; et ensuite mettre en place un nouveau système qui est progressive et compatible, un système qui serait le reflet des objectifs initiaux de l'union-nationalisme du Cameroun et les véritables aspirations du peuple. Ce serait un système qui placerait le pays fermement au sein de la communauté de progressiste, démocratique, représentatif, éclairé et nations avancées.

Aujourd'hui, l'histoire de l'humanité a atteint cette

grande ampleur du changement où les mots clés du progrès technologique, la liberté, la liberté, le développement, la solidarité et l'intégration font de grands progrès à faire partie de notre vie quotidienne. Il a été observé avec une clarté que le peuple Camerounais sont laissés derrière dans ce grand progrès de l'humanité en raison des objectifs et des actions de l'oligarchie qui reste au pouvoir à travers le système trompeurs et égoïstes imposé par la France. Cette système minorité, pseudo-représentant, et autocratique est mené aujourd'hui par le régime de Paul Biya. Le régime de Paul Biya et le système dans son ensemble est corrompu et anti-patriotique, et le system ne peut pas réduire la pauvreté, la maladie, le désespoir, l'analphabétisme, la corruption, la hausse ethnocentrisme, la fuite des cerveaux et l'incompréhension que contre le bien de l'humanité est acceptée comme faisant partie de notre quotidien vies. Le caractère inacceptable du système de cinq décennies peut être mieux expliquée par la dénonciation de Dmitri Ivanovitch Pisarev de l'autocratie:

Du côté du gouvernement, il n'y a que les scélérats achetés avec de l'argent pressé par la fraude et la violence des pauvres. Du côté des gens, il y a tout ce qui est frais et jeune, tout ce qui est capable de penser et de faire. Ce qui est mort et pourri (le gouvernement autocratique) doit lui-même tomber dans la tombe. Tout ce que nous avons à faire est de lui donner la dernière poussée et couvrir le cadavre puant avec la saleté.

En comparant l'observation de Dmitri Ivanovitch Pisarev avec la réalité Camerounaise, nous réalisons avec clarté que de se débarrasser de tous les aspects de ce système autocratique et oligarchique que la France a imposée sur le Cameroun est notre première tâche. C'est seulement après l'enterrement complet et irrévocable de l'absolutisme est-il possible pour nous de mettre de côté nos désespoirs et d'exploiter nos espoirs, nos forces, nos déterminations et nos potentiels de réaliser le rêve complet pour un grand Cameroun et une grande Afrique. Ce serait une tâche difficile et impitoyable, mais le seul chemin qui conduirait à notre salut.

Cette tâche exigeante est surtout sur les épaules des Camerounais des générations postindépendance. C'est de leurs rangs que les forces, le soutien et l'attention à réaliser le rêve du Cameroun Nouveau reposent sur. Ces forces seraient les ouvriers (agricoles, industrielles et de services ou tertiaires), les intellectuels, les universitaires, les politiciens, les organismes religieux, les mouvements civiques, les artistes, le classe affaires, les fonctionnaires, les étudiants et même les chômeurs. Le peuple Camerounais serait conduit par les représentants avancés qui ont maîtrisé les principes et les objectifs de l'idée nationale du pays énoncés dans son Union-Nationalisme qui est altruiste, humanisant, unifiant et progressistes, et aussi les principes de base de son programme social et démocratique. C'est par son union-nationalisme que le peuple Camerounais réaliserait la mission historique que providence avait placé sur leurs épaules pour leur bien-être, et pour le progrès de la nation et de l'Afrique.

Nous serons, alors en mesure de se vanter que nous avons établi la fondation de la Nouvelle-Cameroun, celui qui est capable de marcher en avant le long de la route des principes démocratiques de son union-nationalisme qui a été révisé au cours des années et a trouvé pour être compatible avec progressive idées mondiales uniquement lorsque:

- Les représentants avancés des différentes forces auraient fait le nouvel idéal Camerounais qui est connu pour son humanité d'être généralisée.

- Ils auraient réalisé durable l'organisation, l'ordre, la compétence, la discipline et l'auto-discipline dans leurs rangs.

- Ils auraient étendu leurs bras au - delà de leurs limites pour consolider la coopération harmonieuse de toutes les forces de développement du pays.

Il serait sur cette base que nous allons transformer le système anachronique que la France a imposé au Cameroun, dans un système moderne qui est progressive et axée sur la technologie; puis nous allons investir de nouvelles idées, de savoir-faire et des efforts pour construire un grand état producteur qui doit assurer la responsabilisation et un réseau efficace de production, de distribution et de service. Comme une partie indispensable de ce système de pointe serait les bénéfices sociaux justifiable tels que l'éradication de la pauvreté, l'élimination des pauvres logements et pénurie de logement, la réduction des maladies à des limites acceptables, une bonne hygiène et la fourniture des équipements et des infrastructures modernes nécessaires.

Sur le plan politique, ce système avancé, humanisé et progressive va assurer les droits humains totale, complète et universelles de ses citoyens. Ce serait le défenseur de leurs droits, la fierté, la liberté et l'égalité, un engagement qui assure la prévalence d'une démocratie qui est vraiment compatible avec la réalité Camerounaise, qui va assurer la sépulture éternelle de l'absolutisme. Ce système moderne, progressiste et avancé va diriger le peuple Camerounais en coopération avec les forces progressistes des autres pays africains vers la réalisation de leur rêve d'harmonie fraternelle—l'actualisation de l'union économique et l'intégration politique de l'Afrique. C'est sur ce chemin de notre union-nationalisme que nous allons réaliser le rêve collectif de Cameroun et que nous serons amenés vers la jonction qui va réaliser l'unité de l'Afrique à travers la coopération harmonieuse de ses forces unificatrices. Il serait à ce stade que le Cameroun et l'Afrique doivent prendre leurs places méritées dans la communauté mondiale. Ce serait alors qu'ils travaillent avec d'autres forces du monde pour rendre ce monde sûr et favorable pour nos enfants. Cette tâche étendue est entièrement sur les épaules des générations postindépendance.

JANVIER TCHOUTEU   *15 Février 1995*

Conclusion

L'espoir pour le "NOUVEAU CAMEROUN" se manifeste avec plus d'éclat que dans l'équipe nationale de football du pays, qui, malgré les contraintes du système imposé par la France (mauvaise infrastructure au fil des ans, gestion médiocre et corrompue, etc.), a fait du Cameroun un pays exemplaire et peut-être le numéro un en Afrique et l'un des meilleurs au monde. Les joueurs n'ont jamais corrompu leurs compatriotes, mais ont donné le meilleur d'eux-mêmes malgré les obstacles qui les opposaient. Ils montrent au monde que le Cameroun a le potentiel pour devenir la lumière de l'Afrique et non pas le mouton noir que la mafia politique que la France a créé dans le pays, l'establishment politique, a fait passer le pays pour près de six décennies.

Le problème Anglophone du Cameroun ou, mieux encore, le sort des deux provinces Anglophones du Nord-Ouest et du Sud-Ouest, la région qui était auparavant le British Southern Cameroons (Le Cameroun Méridional Britannique), met en évidence la dépravation du système plus que tout autre problème dans le pays. Pourtant, c'est très étrange que les forces qui veulent déchirer le Cameroun et les forces qui le démoralisent, tout en semblant être opposés les uns aux autres, contribuent à se rendre mutuellement pertinent. Mais la bonne chose est que ces forces sont une minorité dans toutes les régions du pays.

Les forces qui veulent déchirer le Cameroun sont les plus visibles dans la partie Anglophone du pays. Cette force est surtout composée de ceux qui ont voté contre la réunification du Cameroun Méridional Britannique et l'ancien Cameroun Français(La République du Cameroun) en 1961, et de leurs descendants aujourd'hui. Leur agenda pour créer un Cameroun du Sud ou Ambazonie indépendant n'est pas accepté au Cameroun Anglophone (l'ancien Cameroun Britannique du Sud, l'ancien Cameroun Occidental ou les régions du Nord-Ouest et du Sud-Ouest aujourd'hui) par ceux qui ont voté pour la réunification, dont la plupart sont des nationalistes Camerounais, autrement appelées les union-nationalistes ou les Kamerunistes. La plupart des Kamerunistes Anglophones souhaiteraient un retour à la fédération des deux États du Cameroun Occidental (Anglophone) et du Cameroun Oriental (Francophone) de 1961 ou à une fédération de dix régions ou États ou plus, comme la plupart des Kamerunistes Francophones.

Malheureusement, les irrédentistes (ceux qui veulent un Cameroun du Sud indépendant ou Ambazonie)qui sont en minorité d'une part et l'establishment Camerounais usurpateur (aussi en minorité) mis en place par la mafia politique Française (Francaqfrique), d'autre part, se rendent mutuellement pertinents dans leurs agendas alors que le régime anti-Camerounais de Biya dissimule le vêtement patriotique qu'il a volé aux union-nationalistes (Kamerunistes) historiques du Cameroun et pose comme la force qui essaye de maintenir le Cameroun uni aux sécessionnistes du Cameroun du Sud (Ambazonie), tandis que Les irrédentistes du Cameroun du Sud sapent les union-nationalistes Camerounais des deux côtés du Wouri en se faisant passer pour la force qui va libérer les Camerounais Anglophones des «Francophones et de leur régime». Ce n'est que par les union-nationalistes Camerounais qui exposeront et/ou écraseront les actions et les agendas de l'establishment usurpateur et des irrédentistes Anglophones que naîtra le «Nouveau Cameroun».

Glossaire

Adamaoua	La province (région) la plus méridionale qui a été taillé dans l'ancienne province (région) du Grand Nord. C'est une région de plateau.
Akonolinga	Une ville dans la province (région) du Centre. C'est également la capitale de la Nyong et Nfomou.
Akum	Un Peuplement Ngemba 9 miles de Bamenda sur la route Bafoussam-Bamenda. Il est aussi un royaume Ngemba traditionnel et le dialecte des gens là-bas.
Ambam	Une ville dans la province (région) du Sud. C'est le capital de subdivision du département de Ntem.

Ashia

Mot utilisé par les Camerounais à exprimer la sympathie, la condoléance, la consolation, l'encouragement, la compassion, l'harmonie, la compréhension, l'accord, la reconnaissance et la prudence.

Bafang

La capitale du département de Haut-Nkam et un royaume Bamiléké dans la province (région) de l'Ouest.

Bafaw

Le principal groupe ethnique dans la région qui comprend la municipalité de Kumba. Il fait partie du groupe bantou plus.

Bafedja

Un Peuplement et Un royaume Bamiléké dans le département de Nde ou le département de Banganté, la province (région) de l'Ouest.

Bafoussam

La capitale de la province (région) de l'Ouest et du département de Mifi. Aussi un royaume traditionnel Bamiléké.

Bafut

Un Peuplement et royaume Ngemba traditionnel à environ de 18 miles de Bamenda dans la province (région) du Nord-Ouest.

Bakweri	Le principal groupe ethnique du département de Fako, qui est situé dans la province (région) du Sud-ouest. Les Bakweriens sont des Bantous du sous-groupe Sawabantu.
Balengou	Un Peuplement Bamiléké et royaume du département de Nde, province (région) de l'Ouest.
Bali	Un Peuplement Chamba et royaume à environ de 18 miles au nord de Bamenda, dans la province (région) du Nord-Ouest.
Bamena	Un Peuplement Bamiléké et royaume du département de Nde, province (région) de l'Ouest.
Bambili	Un Peuplement et royaume Ngemba environ 9 miles au nord de Bamenda dans la province (région) du Nord-Ouest.
Bambui	Un Peuplement Ngemba et royaume à environ 6 miles au nord de Bamenda dans la province (région) du Nord-Ouest.
Bamenda	La capitale de la province (région) du Nord-Ouest et du département de

Mezam.

Bamendjou — Un Peuplement Bamiléké et royaume du département de la Mifi, province (région) de l'Ouest.

Bami (Bamiléké) — Diminutif de Bamiléké.

Bamiléké (Bami) — L'ethnicité semi-bantou le plus peuplé et le principal groupe ethnique au Cameroun. Il est aussi leur langue maternelle.

Bamilekéland (Terre Bamiléké) — La moitié ouest de la province (région) de l'Ouest, avec des franges dans les province (région)s du Nord-Ouest et du Sud-ouest. Il comprend cinq divisions administratives, environ quatre-vingt dix royaumes traditionnels, et onze groupements dialectiques.

Bamoun — Une ethnie semi-Bantous et l'un des groupes principaux ethniques au Cameroun. Aussi leur langue maternelle.

Bamounland (Terre Bamoun) — La moitié est de la province (région) de l'Ouest.

Bandekop — Un Peuplement Bamiléké et royaume

dans la Mifi Division, province (région) de l'Ouest.

Banganté   Le plus grand royaume Bamiléké, la capitale du département de Nde, son ancien nom. Trouvé dans la province (région) de l'Ouest.

Bangou   Un Peuplement Bamiléké et royaume du département de Haut-Nkam, province (région) de l'Ouest.

Bangoua   Un Peuplement Bamiléké et royaume du département de Nde, province (région) de l'Ouest.

Bangoulap   Un Peuplement Bamiléké et royaume du département de Nde, province (région) de l'Ouest.

Bantu   Un grand groupe de peuples négroïdes d'Afrique centrale, d'Afrique du Sud et Afrique de l' Est qui habite les forêts du Sud-ouest, du Littoral, du Centre, du Sud et dans les province (région)s de l' Est du Cameroun. Ils sont aussi le plus grand constituant de la race Négroïde ou Noir.

Bassa

Le principal groupe ethnique dans la province (région) du Littoral. Ils sont les Bantous. On trouve également dans la province (région) du Centre du Cameroun.

Batoufam

Un royaume Bamiléké dans le département de Mifi, province (région) de l'Ouest.

Bawok (Bahouok, Bahouoc)

Un royaume Bamiléké parlant les dialectes Medumba, dans les provinces (régions) de l'Ouest et du Nord-Ouest. Les principaux sont les suivants:

- Bawok-Banganté ou Banganté-Bawok est un royaume traditionnel Bamiléké trouve dans la subdivision de Banganté, Division Nde. Une grande partie du royaume est situé dans la ville de Banganté. Après une série de conflits au début du XXe siècle, elle a perdu la majeure partie de son territoire aux royaume Bamiléké environnants, avec ses sujets qui migrent vers d'autres régions du Cameroun et même fonder de nouveaux royaumes.

- Bawok-Bali ou Bali-Bawok:

	Emanation du royaume de mère de Bawok-Banganté, fondée en 1907 avec l'aide de royaume amical de Bali-Nyonga. C'est une enclave dans le peuplement de Bali (*Fondom* ou royaume)
Bayangam	Un Peuplement Bamiléké et royaume du département de la Mifi, province (région) de l'Ouest.
Bazou	Un royaume Bamiléké dans le département de Nde, province (région) de l'Ouest.
Beti	Diminutif de Beti-Pahuin. C'est également une subdivision du groupe Beti-Pahuin des langues et se décompose plus loin dans Ewondo, Eton, Bane, Mbida-Mbane et Mvog-Nyenge.
Beti-Pahuin	Diminuted ou raccourci à Beti, ce groupe de peuples apparentés constitue le troisième principal groupe ethnique au Cameroun. La patrie ethnique du peuple Beti-Pahuin est dans les province (région)s du Centre et du Sud, avec des franges et des enclaves dans la province (région) de l'Est. Ils sont de langue

Bantoue et comprennent les éléments suivants:

- Beti (Ewondo, Bane, Mbida-Mbane, Mvog-Nyenge et Eton),
- Fang (Fang bonne, Ntumu, Mvae et Okak)
- Bulu (Bulu, Fong, Mvele, Zaman, Yebekanga, Yengono, Yembama, Yelinda, Yesum et Yekebolo).

Les petites tribus ou groupes ethniques Pahuinised par le Beti-Pahuins tels que les Baka, Bamvele, Manguissa, Yekaba, Evuzok, Batchanga (Tsinga), Omvang, peuples Yetude.

Les Beti-Pahuin sont également indigènes en Guinée équatoriale, le Gabon et la République du Congo.

Betiland

Les régions parlant Beti-Pahuin du Cameroun (étend de la moitié sud de la province (région) du Centre, aux parties centrale et orientale de la province (région) du Sud et se prolonger en marge dans la province (région) orientale), Guinée équatoriale (Rio Muni), le Gabon (la moitié nord), la République du Congo (nord-ouest) et São Tomé et Príncipe.

Biafra	L'état de courte durée Ibo dominé qui a fait sécession du Nigeria au cours de la guerre 1966-1970 civile nigériane.
Bota	Une banlieue de Limbe, Fako, Province (région) du Sud - Ouest.
Cameroun Britannique	Le tiers occidental de l'ancien Kamerun Allemand qui est tombé sous le contrôle Britannique après la partition de la colonie Allemande. Ce comprenait Cameroun Britanniques du Nord (Cameroun Septentrional Britannique) et Cameroun Britanniques du Sud.
Boumnyebel	Un village Bassa dans le département de Nyong et Kelle, province (région) du Centre.
Buéa	La capitale ville de la province (région) du Sud-ouest et ancienne capitale du Kamerun Allemand.
Bulu	L'un des peuples du groupe ethnique Beti-Fang avec une patrie dans la province (région) du Sud.
Cameroun Britannique du Nord (Cameroun	Le Nord de la moitié de Cameroun Britanniques qui a voté pour unir avec

Septentrional Britannique)	le Nigeria en 1961, après le plébiscite controversé des Nations Unies sur le territoire.
Cameroun Britannique du Sud (Cameroun Meridional Britannique)	Le sud de la moitié de Cameroun Britanniques. Fait partie de la Fédération de Cameroun en 1961 suite à un référendum qui a abouti à sa réunification avec l'ancien Cameroun Français. Il comprend les province (région)s du Nord-Ouest et du Sud-ouest du Cameroun.
Cameroun Français	Le deux tiers de l'ancien Kamerun Allemand qui est tombé sous le contrôle des Français après la partition de la colonie Allemande par la Grande-Bretagne et la France. Il est devenu un territoire Français sous mandat de la Société des Nations et un territoire de confiance plus tard sous l'Organisation des Nations Unies 1918-1960.
Pidgin Camerounais	Aussi appelé créole Camerounais ou Kamtok, il est le pidgin Anglais parlé au Cameron. Il y a cinq variantes.
CENER	(*Centre National des Etudes et de Recherche*)—Acronym du service de renseignement secret du Cameroun qui a

	été modifié en 1984 à *Direction Générale de la Recherche Extérieures* (DGRE) Directrice générale Direction de la recherche externe.
Province (Région) du Centre	Province (région) centrale du Cameroun. C'est constitué de Huit Départements.
CNU (Cameroon National Union) ou (Union Nationale du Cameroun) UNC	Parti formé en 1966 de la fusion des partis politiques opérant au Cameroun. Il a été dirigé par le premier président Camerounais Ahmadou Ahidjo.
CPDM (Cameroon People's Democratic Movement) ou RDPC (Rassemblement Démocratique du Peuple Camerounais)	Le CNU (UNC) rebaptisé en 1985.
CU (Cameroonian Union) ou (L'Union Camerounaise)	Parti formé par Ahmadou Ahidjo.
Douala	La plus grande ville, la capitale

économique du Cameroun et la capitale du département de Wouri et de la province (région) du Littoral.

Duala

Un peuple Bantous du sous-groupe Sawabantu, ils sont le principal groupe ethnique du département de Wouri et de la ville de Douala.

Cameroun de l'Est

L'unité fédérale de langue Française du Cameroun 1961-72. Il a été formé à partir de l'ancien Cameroun Français.

Est—
Province (région)

La moitié sud-est du Cameroun. La province (région) de l'Est a quatre divisions avec Bertoua comme capitale.

Eton

L'un des peuples du groupe ethnique Beti-Fang. Il sont trouvé dans la province (région) du Centre.

Ewondo

L'un des peuples du groupe Beti-Fang. Il sont trouvé dans la province (région) du Centre du Cameroun.

L'Extrême-Nord

Une province (région) dans l'extrême nord du Cameroun. Ce comprend six divisions.

Forces

Ils étaient des combattants Français et

Françaises
Libres

Francophones qui ont continué la lutte contre l'axe puissances de l'Allemagne, l'Italie et le Japon, même après la France capitule et a signé un accord d'armistice avec l'Allemagne Nazie en Juin 1940. Il a été formé par le général Charles De Gaulle, qui était un membre de le cabinet Français en visite officielle en Grande-Bretagne au moment de la cession. Général Charles De Gaulle a oppose fermement le capitulation Française et l'armistice signé par le nouveau régime dirigé par le maréchal Pétain qui a créé le régime de Vichy dans le sud de la France, permettant ainsi au nord du pays sous occupation Allemande. Il a appelé la résistance contre le contrôle Allemand de la France et de ses marionnettes collaborationniste de Vichy. Le mouvement a attiré des recrues principalement de l'empire Français, en particulier de l'Afrique Centrale Française, dont le Cameroun Français était la base à l'époque, sous le nouveau gouverneur de Jacques Philippe LeClerc. Philippe LeClerc a mené la première grande victoire de Forces Françaises Libres dans la guerre avec la capture en 1941 de Koufra, une ville dans la colonie Italienne de la Libye. Il a incorporé les forces de l'ancien régime de Vichy dans les colonies de 1943 et a vu ses rangs gonflés par des Français après le Débarquement du Jour (Débarquement de Normandie). Les Forces Françaises libres ont atteint leur plus grande gloire avec la libération de Paris en Août 1944, dirigé par la 2e division blindée Française, car il avait le plus petit nombre de Noirs dans ses rangs. À la fin de la guerre, le mouvement Libre Français constituait la quatrième force militaire en Europe, la lutte contre les puissances de l'Axe. Les partis politiques de droite en France ont été dominées par ses membres et l'idéologie de son fondateur appelé gaullisme.

Fulfulde (Peul, Pulaar, Pular) — Une langue Sene-Gambienne parlée par les Peuls.

Peul (peul peul, Fellata ou peul) — Un peuple mélangé de négro-touareg peuplant la savane du Soudan à Sene-Gambie, ils comprennent trois groupes à savoir:

1. Les Mbororo, Bororo, Burure ou Abore qui sont des pasteurs.

2. Le Fulanin Gida, Ndoowi'en ou

Magida, qui sont totalement sédentaires.

3. Les Peuls semi-sédentaires qui sont en fin de compte agronome et reprennent le pastoralisme, mais souvent forment des communautés permanentes.

Les Foulanis, Peuls ou Peuls sont le deuxième groupe ethnique le plus peuplé au Cameroun. Ils sont trouvé principalement dans les province (région)s du nord de l'Adamaoua, du Nord et de l'Extrême-Nord. Leur langue est la lingua franca de cette partie du Cameroun.

Foumbam

La capitale du département de Noun et de Bamounland. C'est trouvé dans la province (région) de l' Ouest.

Foumbot

Une colonie agricole dans le département de Noun.

Cameroun Français

Le deux tiers de l'ancien Kamerun Allemand qui est tombé sous le contrôle des Français après la partition de la colonie Allemande par la Grande-Bretagne et la France. Il est devenu un territoire Français sous mandat de la Société des Nations et un territoire de confiance plus tard sous l'Organisation des Nations Unies 1918-1960.

FSD (Front Social-Démocrate) ou *SDF (Social Democratic Front)*

Le parti politique connu comme le leader d'opposition au Cameroun. Le FSD est dirigé depuis sa création le 26 Mai 1990 par John Fru Ndi.

Garoua

La capitale de la province (région) du Nord et du département de la Bénoué.

Graffi

Mot pidgin d'origine Allemand pour un champ d'herbe. Un nom souvent appliqué collectivement aux peuples semi-Bantous des province (région)s du Nord-Ouest et de l'Ouest du Cameroun.

***Graffiland* (Terre Graffi)**

Le mot Camerounais pour les Hauts Plateaux de L'Ouest, ou les Bamenda Grassfields—le région des prairies montagneuses des province (région)s du Nord-Ouest et de l'Ouest du Cameroun. Il comprend la terre Bamiléké (Bamilekéland) et la terre Bamoun (Bamounland) dans le sud et le la terre Ngemba (Ngembaland), la terre Chamba (Chambaland) et la terre Tikar

(Tikarland) dans le nord.

Ibo	L'un des quatre groupes principaux ethniques du Nigeria. Ils sont trouvé dans le sud-est.
Idenau	Une ville dans la région de Fako, province (région) du Sud-ouest.
Kamveu	Conseil local des notables entre les différents royaumes bamiléké.
Koufra (Kufra)	Un Peuplement important de l'Oasis mais isolé dans le sud-est du désert libyen qui était d'une importance stratégique pour la campagne d'Afrique du Nord pendant la Seconde Guerre mondiale. Sa capture des Italiens par les Forces Françaises Libres a marqué la première grande bataille remportée par la France dans la guerre, renforçant ainsi le prestige du général Charles De Gaulle et le moral des forces anti-Vichy qui étaient démoralisés.
Koutaba	Un Peuplement dans le Bamounland, le département de Noun, et le province (région) de l'Ouest. Aussi une base aérienne importante et une base de l'armée au Cameroun.

Kumba

La plus grande ville de la province (région) du Sud-ouest et la capitale du département de Mémé. C'est situé à environ de 70 miles au nord de Limbe.

KNDP (Kamerun National Democratic Party) ou PNDK (Parti National et Démocratique du Kamerun)

Une parti politique des nationaliste-civiques dans le Cameroun Britannique. Il a mené la campagne qui a réalisé la réunification du Cameroun Britanniques du Sud avec l'ancien Cameroun Français.

Limbe

L'ancien Victoria. C'est la capitale de la région de Fako dans la province (région) du Sud-ouest.

Littoral—Province (région)

Le province (région) côtière du Cameroun. Il se compose de quatre divisions.

Loum

Une ville agricole dans le département de Moungo, dans le nord de la province (région) du Littoral.

Maguida (Magida)	Nom utilisé par erreur pour les peuples musulmans du Nord du Cameroun qui a pris naissance du troisième groupe de Peuls—le Fulanin Gida, comprenant les communautés peules pleinement sédentaires.
Mamfe	La capitale du département de Manyu dans la province (région) du Sud - Ouest.
Manjibo	Un village Bamoun dans le département de Noun.
Mankon	Mankon est un royaume Ngemba et une partie de la ville de Bamenda, dans le département de Mezam, la province (région) de Nord-Ouest .
Maroua	La capitale de la Province (région) d' Extrême Nord, et aussi la capitale du département de Diamaré.
Mayo Tsanaga	Un département dans la province (région) de l'Extrême-Nord du Cameroun.
Mayo Tsava	Un département dans la province (région) de l'Extrême-Nord du Cameroun.

Mbengwi   La capitale du département de Momo dans la province (région) du Nord-Ouest.

Mboh   Un peuple Bantous de la Moungo-dans la province (région) du Littoral, avec des franges de leur pays d'origine dans le sud-ouest et province (région)s de l'Ouest.

Mokolo   Capitale du département de Mayo Tsanaga.

Molyko   Une banlieue de Buéa dans la province (région) du Sud-ouest.

Mora   La capitale du département de Mayo Tsava Division.

Mutengene   Une ville de jonction à Limbé, Buéa et Tiko, dans le département de Fako, province (région) du Sud-ouest.

Nde   Autrefois appelé le département de Banganté. Il se trouve dans la province (région) de l'Ouest.

Ngaoundéré   Capitale du département de Vina et de la province (région) de l'Adamaoua.

Ngemba	Un peuple du groupe semi-bantou. Les peuples Ngemba se trouvent dans la moitié nord du Prairie du Cameroun (les Hauts Plateaux de l'Ouest), principalement dans les départements de Mezam et de la province (région) Momo du Nord-Ouest. Les personnes Ngemba dialectes.
Ngembaland	La partie sud-ouest de la province (région) du Nord-Ouest qui se compose de plusieurs royaumes traditionnels ou fondoms parlant des dialectes étroitement liés.
Nkongsamba	La capitale de la Moungo du Cameroun. C'est également la plus grande ville de la région.
Nkwen	Un royaume Ngemba traditionnel et une partie de la ville de Bamenda.
Nord—Province (région)	Central des province (région)s du Grand Nord. Il comprend quatre divisions.
Nord-Ouest Province (région)	Une province (région) de l'ancienne unité fédérale du Cameroun occidental et l'ancien territoire du sud de la

Colombie Cameroons. Peuplée par des groupes semi-Bantous de haut-parleurs Tikar, Ngemba et Chamba. Leurs compatriotes de la province (région) du Sud-ouest appellent collectivement les "Graffis".

Nzui-Mantor	Le mot Banganté-Bamiléké pour la panthère ou léopard.
OK *(One Cameroon)* — Kamerun est Un	Emanation de l'UPC après qu'il a été également interdite dans Cameroons Britannique.
Ouest—Province (région)	La moitié sud des Hauts Plateaux occidentales du Cameroun. Elle est peuplée par les peuples bamiléké et Bamoun. C'est également centre culturel et agricole du Cameroun, et se souvient de son rôle historique en tant que centre du nationalisme du pays et la lutte de libération contre l'armée Française dans le pays. Il comprend les six divisions de Bamboutous, Menoua, Mifi, Nde, Noun et du Haut-Nkam.
Peul	Un terme Français pour Peuls emprunté à la langue Wolof.

Pidgin Camerounais	Aussi appelé créole Camerounais ou Kamtok, il est le pidgin Anglais parlé au Cameron. Il y a cinq variantes.
RDPC (Rassemblement Démocratique du Peuple Camerounais), appelé *CPDM (Cameroon People's Democratic Movement)* en Anglais	C'est le parti au pouvoir dans le Cameroun. Son ancien nom (1966-1985) était l'Union Nationale Camerounaise (UNC), formé en 1966 par la fusion des partis politiques au Cameroun. Avant cela, il s'appelait l'UC (Union Camerounaise), l'ancien parti politique fondé par Ahmadou Ahidjo, l'ancien président de la République du Cameroun. Le RDPC/UNC/UC a été le parti au pouvoir depuis le soi-disant 'indépendance du Cameroun en 1960. Paul Biya est le président du parti.
SDF (Social Democratic Front) ou FSD (Front Social-Démocrate)	Le parti politique connu comme le leader d'opposition au Cameroun. Le FSD est dirigé depuis sa création le 26 Mai 1990 par Ni John Fru Ndi.
Semi-Bantous	Les peuples uniques et non apparentés en Afrique, comprenant les peuples Bamiléké, Bamoun, Tikar, Ngemba et Chamba.
Sokolo	Une banlieue de Limbe, Province (région) du Sud-ouest.

Sud—Province (région)	Une province (région) côtière du sud du Cameroun. Il comprend les trois départements de Ntem, Océan, et Dja et Lobo.
Sud-ouest— province (région)	Un province (région) côtière du Cameroun situe dans le sud-ouest du pays. Il dispose de quatre départements. Autrefois une partie de Cameroun Britanniques du Sud et l'unité fédérale du Cameroun Ouest.
Tcholliré	La capitale du département de Rey Bouba dans la province (région) du Nord.
Tiko	Une ville côtière dans le département de Fako dans la province (région) du Sud-ouest.
Tonga	Un Peuplement Bamiléké et royaume du département de Nde, le province (région) de l'Ouest.
Touareg	Un peuple Berbérophones du groupe Amazigh vivant dans le Sahara central du sud de l'Algérie et la Libye, Tripolitaine au milieu Niger et les frontières du nord du Nigeria. Ils se sont

déplacés à l'intérieur du désert du Sahara pour échapper à l'invasion Arabe de l'Afrique du Nord au 7ème et 8ème siècle.

UDC (Union Démocratique du Cameroun) ou CDU (Cameroon Democratic Union) en Anglais

Un parti politique au Cameroun fondé par Adamou Ndam Njoya, ancien ministre du régime Ahmadou Ahidjo.

UNC (Union Nationale du Cameroun) ou CNU (Cameroon National Union)

Parti formé en 1966 de la fusion des partis politiques opérant au Cameroun. Il a été dirigé par le premier président Camerounais Ahmadou Ahidjo.

UNDP (Union Nationale pour la Démocratie et le Progrès) ou *National Union for Democracy and Progress (NUDP)* en Anglais

Un parti politique au Cameroun fondé par Samuel Eboua, ancien ministre du régime Ahmadou Ahidjo. Bello Bouba Maigari, ancien Premier Ministre du régime de Biya, a usurpé la direction du parti et en a été le président depuis 1992.

UPC (Union des Populations du Cameroun)

Première partie nationale et nationaliste au Cameroun. L'UPC historique a été formé en 1948. Banni en 1955, elle a eu recours à une lutte armée qui a continué jusqu'aux années 1960.

Victoria

L'ancien nom de Limbe, une ville qui été fondée en 1857 par des missionnaires pour comme un colonie des esclaves secourus ou libérés.

Wolowose

Un mot Camerounais pour une pute.

Wum

La capitale du département de Menchum dans la province (région) du Nord-Ouest.

Yaoundé

deuxième plus grande ville du Cameroun et la capitale nationale. De plus la capitale de la province (région) du Centre et du département de Nfoundi.

www.ingramcontent.com/pod-product-compliance
Lightning Source LLC
Chambersburg PA
CBHW051055250726
48656CB00001B/307